FRANCISCO

DEUS É JOVEM

FRANCISCO

DEUS É JOVEM

uma conversa com
THOMAS LEONCINI

Tradução e revisão técnica
Pe. João Carlos Almeida, scj

Copyright © Libreria Editrice Vaticana, Città del Vaticano, 2018
Copyright © Mondadori Libri S.p.A., 2018
Copyright © Editora Planeta do Brasil, 2018
Título original: *Dio è giovane. Una conversazione con Thomas Leoncini*
Todos os direitos reservados.
Publicado por Mondadori sob o selo Piemme.
Este livro foi negociado por meio da Ute Körner Literary Agent – www.uklitag.com.

Preparação: Eliana Rocha
Revisão: G. de Santa Maria
Diagramação: Vivian Oliveira
Adaptação de capa: Departamento de criação da Editora Planeta do Brasil
Imagem de contracapa: Vatican Pool / Colaborador / Getty Images

DADOS INTERNACIONAIS DE CATALOGAÇÃO NA PUBLICAÇÃO (CIP)
ANGÉLICA ILACQUA CRB-8/7057

Francisco I, Papa, 1936-
    Deus é jovem: uma conversa com Thomas Leoncini / Papa Francisco; tradução e revisão técnica de Pe. João Carlos Almeida. - São Paulo: Planeta do Brasil, 2018.

ISBN: 978-85-422-1236-5
Título original: *Dio è giovane*

1. Religião 2. Igreja Católica 3. Vida cristã - Mensagens 2. Jovens - Vida religiosa - Mensagens I. Título II. Leoncini, Thomas III. Almeida, João Carlos

18-0091	CDD 248.482

Índices para catálogo sistemático:
1. Vida Cristã - Reflexões

2018
Todos os direitos desta edição reservados à
Editora Planeta do Brasil Ltda.
Rua Padre João Manuel, 100 – 21º andar
Edifício Horsa II – Cerqueira César
01411-000 – São Paulo – SP
www.planetadelivros.com.br
atendimento@editoraplaneta.com.br

*Não é um risco
colocar-se à disposição de Deus:
e, porque Sua juventude é eterna,
também nossa juventude se renovará,
assim como a da Igreja.*

Maurice Zundel

*Juventude, exuberante, florescente, amorosa
– juventude cheia de graça, de vigor e de fascínio,
você sabia que a velhice pode chegar
com igual graça, vigor e fascínio?*

Walt Whitman

Aos leitores de todas as idades:
Por uma revolução da ternura
Thomas Leoncini 11

I. Jovens profetas e velhos sonhadores...........17
II. Neste mundo 77
III. Ensinar é aprender 127

Aos leitores de todas as idades

Por uma revolução da ternura

"Deus é jovem, é sempre novo."

Estávamos sentados um de frente para o outro em uma sala no piso térreo da Casa Santa Marta quando o Papa Francisco pronunciou essas palavras. Recordo o momento exato e lembro perfeitamente o seu olhar iluminado por um brilho, como se quisesse, juntamente com as palavras, transmitir algo profundo e libertador ao mesmo tempo. Estávamos no auge do nosso quinto encontro para a preparação deste livro, e essa frase me tocou com uma força especial: era como se, por um momento, a própria história passasse através das minhas mãos, que registravam atentamente, nota por nota, para depois unir milhares de outras mãos e chegar a milhares de outros corações.

Com essas palavras memoráveis, o pontífice estava afirmando que os jovens, ou seja, os grandes descartados deste nosso tempo inquieto, são na verdade um reflexo da natureza de Deus; suas melhores características têm origem n'Ele. Um Deus que não é só Pai – e Mãe, como disse o Papa João Paulo I –, mas Filho, e por isso Irmão. Francisco reivindicava maior centralidade para os jovens. Ele os retirava da margem à qual foram relegados e os apresentava como protagonistas do presente e do futuro, sujeitos da nossa história comum.

Se é verdade que os jovens são os eternos subordinados da sociedade de consumo – engolidos por uma iniciação interminável que empreendemos com esforço na busca de conclusões lógicas e constantemente iludidos por uma linearidade social que não existe mais –, estas páginas nascem do desejo de libertá-los dessa condição, e o Sínodo dos Jovens de 2018, como o pontífice me confirmou, será a ocasião ideal para compreendê-las e valorizá-las no mais profundo do seu significado.

Francisco dedicou muito do seu precioso tempo a este projeto, e não fui mais do que um instrumento que o papa escolheu para fazer sua mensagem chegar aos jovens do mundo, sem filtros.

Os jovens não são os únicos descartados da sociedade; também o são muitos adultos, especialmente idosos, distanciados da lógica do mercado e do poder.

É necessário encontrar, diz o pontífice, a força, a determinação, mas também a ternura para criar todos os dias uma ponte entre os jovens e os idosos: esse abraço pode regenerar a sociedade, em benefício de todos aqueles que ficaram para trás e que merecem nossa constante atenção.

Coragem e sabedoria são os ingredientes essenciais da doce revolução de que todos precisamos profundamente.

Thomas Leoncini

DEUS É JOVEM

I
Jovens profetas e velhos sonhadores

Papa Francisco, para começar, queria lhe perguntar: o que é a juventude?

A juventude não existe. Quando falamos de juventude, muitas vezes nos referimos inconscientemente ao mito da juventude. Porém, gosto de pensar que a juventude não existe e quem existe em seu lugar são os jovens. Do mesmo modo, não existe a velhice, mas existem os velhos. E, quando eu digo "velho", não digo uma "palavra feia", longe disso: é uma palavra muito bonita. Precisamos nos sentir felizes e orgulhosos por sermos velhos, assim como as pessoas normalmente se orgulham por serem jovens. Ser velho é um privilégio: significa ter experiência suficiente para se conhecer e reconhecer nos erros e nos acertos; significa a capacidade de tornar-se potencialmente novo, como quando se era jovem; significa ter adquirido a experiência necessária para aceitar o passado e, sobretudo, ter aprendido com o passado. Muitas vezes, nos deixamos dominar pela cultura do adjetivo, sem o suporte do substantivo. A juventude, claro, é um substantivo, mas um substantivo sem um suporte real; é uma ideia que permanece órfã de uma criação visual.

> *O que o senhor visualiza quando pensa em um jovem?*

Vejo um rapaz ou uma garota que procura seu próprio caminho, que deseja voar com seus pés, que olha para o mundo e contempla o horizonte com os olhos cheios de esperança, repletos de futuro e até de ilusões. O jovem caminha com os dois pés como os adultos, mas, ao contrário dos adultos, que os mantêm paralelos, o jovem sempre tem um pé na frente do outro, pronto para partir, para sair em disparada. Sempre lançado para a frente. Falar sobre jovens significa falar de promessas, e isso significa falar de alegria. Os jovens têm tanta força... são capazes de olhar com esperança. Um jovem é uma promessa de vida que carrega em si certo grau de tenacidade; tem loucura suficiente para se iludir e capacidade suficiente para curar-se das desilusões que podem resultar disso.

Depois, não se pode falar de jovens sem tocar no tema da adolescência, porque jamais devemos subestimar essa fase da vida, que provavelmente é a mais difícil e importante da existência. A adolescência marca o primeiro contato consciente com a identidade e representa uma fase de transição, não só na vida das crianças, mas de toda a família. É uma fase intermediária, como uma ponte que nos leva para o outro lado da rua. E, por essa razão, os adolescentes não estão nem aqui nem lá, estão a caminho, na estrada, em movimento. Eles não são mais crianças – e não querem ser tratados como tal –, porém ainda não são adultos – mas querem ser tratados como tal, especialmente no nível dos privilégios. Então, podemos dizer que a adolescência é uma tensão, uma inevitável tensão introspectiva do jovem. Mas, ao mesmo tempo, é uma tensão tão forte que consegue envolver toda a família, ou talvez seja exatamente isso que a torne tão importante. É a primeira revolução do jovem homem e da jovem mulher, a primeira transformação da vida, aquela que o mudará tanto a ponto de subverter até as amizades, os amores e a vida cotidiana. Quando você é adolescente, a palavra "amanhã" dificilmente pode ser usada com certeza. Como adultos, somos cautelosos ao pronunciar a palavra "amanhã", especialmente neste período histórico, mas nunca, como quando adolescentes, estivemos tão conscientes da importância do "aqui e agora". O "já" para o adolescente é um universo que pode mudar tudo em sua vida; provavelmente se pensa muito mais no presente naquela fase do que em todo o resto da existência. Os adolescentes procuram o debate, perguntam tudo, discutem tudo, buscam respostas. Gostaria de salientar a importância desse "discutir tudo". Os adolescentes têm um grande anseio por aprender, para poder achar uma saída e conquistar a autonomia, e é nesse período que os adultos devem ser mais compreensivos e procurar mostrar o caminho certo com seu comportamento, sem pretender ensinar apenas com palavras.

O jovem adolescente passa por diferentes e repentinos estados de ânimo, e as famílias com eles. É uma fase que apresenta riscos, sem dúvida, mas sobretudo é um tempo de crescimento para eles e para toda a família.

A adolescência não é uma doença, e não podemos enfrentá-la como se fosse isso. Um filho que vive bem a adolescência – por mais difícil que seja para os pais – é um filho com futuro e esperança. Tenho me preocupado muito com a tendência atual de "medicalizar" precocemente nossos jovens. Parece que queremos resolver tudo através da "medicalização", ou controlando tudo com o *slogan* "aproveite ao máximo o tempo", e assim a agenda dos jovens torna-se pior do que a de um grande dirigente. Insisto: a adolescência não é uma doença que devemos combater. Faz parte do crescimento normal e natural de nossos jovens.

Onde há vida há movimento, e onde há movimento há mudança, busca, incerteza, esperança, alegria e até mesmo angústia e desolação.

> *Quais as primeiras imagens de sua juventude que lhe vêm à mente? Tente se recordar de quando tinha 20 anos na Argentina...*

Naquela idade eu estava no seminário. Tive um encontro muito forte com a dor: retiraram um pedaço do meu pulmão por causa de três cistos. Essa experiência muito intensa marcou fortemente a fase de minha vida que você me pede para lembrar, mas há uma coisa muito íntima que recordo claramente: eu era um jovem cheio de sonhos e desejos.

> *Recorda algum desses sonhos?*

Vou lhe contar uma história capaz de retratar a fronteira sutil entre desejos e limites. Eu tinha quase 17 anos. Lembro que era o dia da morte do músico Serguei Serguêievitch Prokófiev. Apreciava muito suas obras. Estava no pátio da casa da minha mãe materna, sentado à mesa no jardim. Perguntei à minha avó: "Como é possível alguém ter tanta genialidade para fazer coisas como as que nos acostumamos a ouvir de Prokófiev?". E ela respondeu: "Olhe, Jorge, Prokófiev não nasceu desse jeito, ele tornou-se assim. Lutou, suou, sofreu, construiu. A beleza que você vê hoje é o trabalho de ontem, do que ele sofreu e investiu, em silêncio". Nunca esqueço diálogos como esse com minhas duas avós, figuras nas quais penso constantemente e que tenho em grande consideração.

Existem muitos sonhos que não conseguiu realizar?

Claro, e alguns vivi como frustrações. Como quando queria ser missionário no Japão, mas não me enviaram por causa da cirurgia no pulmão. Alguns me consideravam um "caso perdido" desde que era muito jovem, e, no entanto, ainda estou aqui hoje; portanto, as coisas acabaram bem... É sempre melhor não escutar demais aqueles que querem o seu mal, não acha?

> *Seu encontro com Deus aconteceu quando o senhor era jovem. Recorda o momento exato?*

O encontro forte com Deus aconteceu quando eu tinha quase 17 anos, exatamente no dia 21 de setembro de 1953. Estava indo encontrar-me com meus colegas de turma para um dia de acampamento. Na Argentina, 21 de setembro é primavera, e naqueles dias havia uma festa dedicada a nós, jovens. Eu era católico, assim como minha família, mas nunca antes desse dia havia pensado em ir para um seminário ou em ter um futuro dentro da Igreja. Talvez quando era criança e servia como coroinha, mas era uma coisa muito sutil. Caminhando, vi a porta da paróquia aberta e algo me empurrou para dentro: naquele momento percebi um padre vindo em minha direção. Imediatamente senti o desejo de me confessar. Não sei o que aconteceu exatamente durante aqueles minutos, mas, seja o que for, mudou minha vida para sempre. Saí da paróquia e voltei para casa. Havia entendido de um modo forte e claro aquela que seria a minha vida: devia tornar-me sacerdote. Naquele tempo eu estudava química, trabalhava em um laboratório de análises, tinha uma namorada, mas dentro de mim continuava a ganhar sempre mais força a ideia do sacerdócio.

Portanto estava em conflito?

Sabia que aquele seria meu caminho, mas havia dias em que me sentia como se estivesse sentado num balanço. Não quero esconder que tive também algumas dúvidas, mas Deus sempre vence e logo reencontrei a estabilidade.

> *Nunca se sentiu traído por Deus?*

Nunca. Sempre fui eu quem O traí. Em alguns momentos, senti como se Deus estivesse se afastando de mim, assim como eu me afastei d'Ele. Isso acontece naqueles momentos mais escuros em que nos perguntamos: "Deus, onde estás?". Sempre achei que estava procurando por Deus, mas na verdade era Ele que estava procurando por mim. Ele sempre chega primeiro e nos espera. Vou usar uma expressão que utilizamos na Argentina: o Senhor nos *primerea*, Se antecipa, está sempre nos esperando; pecamos e Ele está esperando para nos perdoar. Ele nos espera para nos acolher e nos dar Seu amor, e assim nossa fé cresce.

> *Por que nossa sociedade tem tanta necessidade dos jovens e apesar disso eles são tão descartados?*

Não são descartados somente os jovens, mas os jovens se ressentem disso muito mais porque nasceram e cresceram nesta sociedade que fez da cultura do descarte o seu paradigma por excelência. Na nossa sociedade existe o costume de "usar e jogar fora": usa-se sabendo que, quando terminar a utilidade, se jogará fora. E esses são aspectos muito profundos que acabam se impondo em nossos hábitos pessoais e esquemas mentais. Nossa sociedade é dominada de maneira muito forte e vinculante por uma crise econômico-financeira na qual no centro não estão o homem e a mulher, mas o dinheiro e os objetos criados por homens e mulheres. Estamos em uma época de desumanização do humano: não poder trabalhar significa sentir-se privado de sua dignidade. Todos sabemos a diferença que existe entre ganhar o pão com o suor do seu rosto ou recebê-lo em algum programa assistencial.

Muitas vezes os jovens são convidados – especialmente por adultos ricos – a não pensar muito no dinheiro, porque conta pouco, mas hoje, na maior parte dos casos, o dinheiro que um jovem busca é o necessário para a sua sobrevivência, para poder olhar-se no espelho com dignidade, para poder construir uma família, um futuro. E sobretudo para começar a não depender mais dos pais. O que pensa disso?

Penso que devemos pedir perdão aos jovens porque nem sempre os levamos a sério. Nem sempre os ajudamos a encontrar o caminho e conquistar aqueles meios que poderiam lhes permitir não terminar descartados. Muitas vezes não sabemos motivar seus sonhos e não conseguimos provocar seu entusiasmo. É normal buscar dinheiro para construir uma família, um futuro, e para sair do papel de subordinação em relação aos adultos que hoje os jovens vivem de modo muito mais intenso. O que importa é evitar a ânsia de acumular. Há pessoas que vivem para acumular dinheiro e pensam que têm que acumulá-lo para viver, como se o dinheiro se transformasse em alimento para a alma. Isso significa viver a serviço do dinheiro, e aprendemos que o dinheiro é concreto, mas dentro dele existe algo de abstrato, volátil, algo que pode desaparecer do dia para a noite sem aviso prévio; pense na crise dos bancos e na inadimplência internacional. Porém, penso que aquilo que você falou é uma questão muito importante: você mencionou o dinheiro em função da necessidade de sustento e, portanto, de trabalho. Posso dizer-lhe que o trabalho é alimento para a alma; o trabalho, sim, pode ser transformado em alegria de viver, em cooperação, em união de projetos e trabalho em equipe, não o dinheiro. E o trabalho deve ser para todos. Todo ser humano deve ter a possibilidade concreta de trabalhar, de demonstrar a si mesmo e a seus entes queridos que é capaz de ganhar a vida. Não podemos aceitar a exploração, não podemos aceitar que muitos jovens sejam explorados pelos empregadores com falsas promessas, com salários que não chegam jamais, com a desculpa de que são jovens e devem primeiro fazer um estágio, uma experiência profissional. Não se pode aceitar que empregadores submetam os jovens a um trabalho precário e até gratuito, como ocorre muitas vezes. Sei que existem casos de trabalho gratuito como uma forma de pré-seleção para assumir posteriormente uma função. Isso é uma exploração que provoca as piores sensações em nossa alma: sensações que pouco a pouco crescem e podem mudar até mesmo a personalidade dos jovens.

Os jovens nos pedem para ser ouvidos, e temos o dever de escutá-los e acolhê-los, e não de explorá-los. Não existem desculpas para isso.

> *Imaginemos um jovem talentoso, mas não "filhinho de papai", com um grande desejo de fazer coisas, conhecimento zero, corrupção zero e desejo zero de entrar nesses mecanismos de subordinação. O que ele realmente pode fazer para não ser vítima dessa dinâmica de "descarte"? A chamada "fuga de cérebros" é realmente a única maneira de sair desse mecanismo e construir um futuro melhor? Digo isso porque, para muitos jovens, a fuga parece ser a única salvação possível, imaginável...*

Respondo com apenas uma palavra: *parresia*. Falo isso em relação à coragem, ao fervor de nossa ação. Na oração, por exemplo, aconselho os jovens a rezar com *parresia*. Isso significa que você nunca deve se contentar em pedir uma vez, duas vezes, três vezes. Devemos crer, pedir e rezar em alguma intenção até o nosso limite. Essa foi a maneira como Davi rezou naquela ocasião em que suplicava em favor de seu filho moribundo (2 Sam 12, 15-18): é fundamental enfrentar esse desafio até o fim, como fez Moisés quando orou pelo povo rebelde. Ele nunca mudou de "partido", não barganhou, nunca deixou de crer e de acreditar em si. Jamais devemos esquecer este conceito: a intercessão não é para os fracos. No Evangelho, Jesus nos fala com clareza: "Pedi e vos será dado, buscai e achareis, batei e a porta vos será aberta" (Mt 7, 7). E, como Jesus queria nos fazer entender bem, deu o exemplo daquele homem que se aproxima da campainha do vizinho em plena madrugada para pedir três pães, sem se preocupar em passar por mal-educado: a única coisa que lhe importava era encontrar algum alimento para seu hóspede (Lc 11, 5-8).

Jesus promete que será ouvido quem mantiver a insistência e constância na oração: "Porque todo aquele que pede recebe, quem procura acha, e a quem bate a porta será aberta" (Mt 7, 8). Jesus também explica o motivo pelo qual a oração dá resultado: "Quem de vós dá ao filho uma pedra quando ele pede pão? Ou lhe dá uma cobra quando ele pede um peixe? Portanto, se vós, que sois maus, sabeis dar boas coisas aos vossos filhos, quanto mais vosso Pai que está nos céus dará coisas boas aos que Lhe pedirem!" (Mt 7, 9-11).

A coragem nunca deve ser confundida com a inconsciência; pelo contrário, a inconsciência é uma amarga inimiga da coragem. Mas aquele que não tem coragem permanece *apocado* ("apequenado"), como se costuma dizer em espanhol: se diz *apocado* quando falamos de alguém que nunca dá um passo a mais na vida por medo de escorregar.

O que regula a *parresia* é a capacidade de ter paciência (em grego, *hypomone*) nas dificuldades. A *parresia* sempre vai junto com a *hypomone*; até mesmo na oração, lutamos a cada dia com coragem e paciência.

> *Como os jovens podem se sentir no centro do projeto, uma vez que todos os dias são descartados?*

Fazendo com que se tornem protagonistas ou, melhor, *permitindo* que se tornem protagonistas. Para compreender um jovem hoje você tem que entendê-lo em movimento. Você não pode ficar parado e pretender situar-se na profundidade da sua onda. Se quisermos conversar com um jovem, devemos ser móveis, e então ele vai diminuir a velocidade para nos ouvir; é ele quem tomará essa decisão. E, quando ele diminuir a velocidade, outro movimento começará: um movimento no qual o jovem começará a dar passos mais lentos para fazer-se escutar, e os idosos irão acelerar seu ritmo para achar o ponto de encontro. Ambos se esforçarão: os mais jovens para andar mais devagar, e os mais velhos para apressar o passo. É isso que garante o progresso. Gostaria de citar Aristóteles, na sua *Retórica* (II, 12, 2): "Para os jovens, o futuro é longo e o passado breve; na verdade, no começo da vida nada há para recordar e tudo para esperar. Pelo que acabamos de dizer, os jovens são fáceis de enganar, porque eles facilmente esperam. E são mais corajosos [do que nas outras idades] porque são impetuosos e otimistas, e dessas duas qualidades a primeira os faz ignorar o medo, a segunda lhes inspira confiança, porque nada se teme quando se está zangado, e o fato de esperar algo de bom é razão para se ter confiança". E eles são furiosos.

> *A partir dos nascidos nos anos 1980, que chamo de "os nascidos líquidos", a relação entre os jovens e a fé religiosa tomou uma direção diferente da do passado: mais e mais jovens crescem sem uma forte tradição religiosa familiar. A que o senhor atribui isso? Essa perspectiva pode mudar?*

Esta realidade é fruto do avanço da secularização, mas também da crise geral da família e da economia. Apesar disso, estou fortemente convencido da importância da sobriedade na vida da Igreja: os homens e mulheres da Igreja deveriam *revestir-se* somente daquilo que pode servir para a experiência de fé e de amor ao povo de Deus e *despojar-se* do supérfluo. É melhor ter os bolsos vazios, porque o diabo sempre habita em bolsos cheios; na verdade, se ele entra em nossa vida, passa pelo bolso.

> *Em uma sociedade que parece estar cheia de pessoas traiçoeiras e lobos famintos, como convencer os jovens de que podem encontrar em seu caminho pessoas autênticas?*

A resposta é: graças a outros jovens. Porque um jovem tem algo de profeta e deve se dar conta isso. Deve estar consciente de ter as asas de um profeta, a atitude de um profeta, a capacidade de profetizar, de *falar*, mas também de *fazer*. Um profeta dos dias de hoje tem, sim, a capacidade de condenar, mas também de lançar perspectivas. Os jovens têm essas duas qualidades. Eles sabem condenar, mesmo que muitas vezes não expressem muito bem sua condenação. E também têm a capacidade de examinar o futuro e olhar um pouco mais adiante. Mas os adultos muitas vezes são cruéis e isolam toda essa força dos jovens. Os adultos muitas vezes desenraízam os jovens, arrancam suas raízes e, em vez de ajudá-los a serem profetas para o bem da sociedade, os tornam órfãos e desenraizados. Os jovens de hoje estão crescendo em uma sociedade sem raízes.

> *O que o senhor entende por uma sociedade desenraizada?*

Quero dizer, uma sociedade composta por pessoas, famílias, que estão pouco a pouco perdendo seus laços, aquele tecido vital tão importante para sentirem-se parte uns dos outros, participantes com outros de um projeto comum, e comum no sentido mais amplo da palavra. Uma sociedade é enraizada quando está consciente de pertencer a uma mesma história e aos outros, no significado mais nobre do termo. Em vez disso, é desenraizada se o jovem cresce em uma família sem história, sem memória e, portanto, sem raízes. Todos sabemos, desde crianças, quanto são importantes as raízes, até mesmo fisicamente: se não temos raízes, qualquer vento pode nos arrastar. Por essa razão, uma das primeiras coisas nas quais temos que pensar como pais, como famílias, como pastores, são os cenários onde podemos nos enraizar, onde gerar vínculos, onde fazer crescer essa rede vital que nos permite sentir-nos *em casa*. Para uma pessoa, é uma terrível alienação sentir que não tem raízes. Significa não pertencer a ninguém. Não há nada pior do que sentir-se como um estranho em casa, sem um princípio de identidade a ser compartilhado com outros seres humanos. As raízes nos tornam menos solitários e mais completos.

Hoje, as redes sociais parecem oferecer-nos esse espaço de conexão com os outros. A *web* faz os jovens se sentirem parte de um único grupo. Mas o problema da internet é sua virtualidade: a *web* deixa o jovem *no ar* e, por isso, extremamente volátil. Gosto de lembrar uma frase do poeta argentino Francisco Luis Bernárdez: "*Por lo que el árbol tiene de florido vive de lo que tiene sepultado*" [Porque o que a árvore tem de florido vive do que ela tem sepultado]. Quando vemos belas flores nas árvores, não devemos esquecer que podemos desfrutar dessa visão apenas graças às raízes.

> *Como podemos nos salvar da sociedade desenraizada?*

Penso que uma maneira forte de nos salvar seja o diálogo, o diálogo dos jovens com os idosos: uma interação entre velhos e jovens, inclusive ignorando, temporariamente, os adultos. Jovens e idosos devem conversar uns com os outros. É preciso fazer isso cada vez mais: isso é muito urgente! E tanto os velhos quanto os jovens devem tomar essa iniciativa. Existe uma passagem na Bíblia (Joel 3, 1) que diz: "Vossos anciãos terão sonhos e vossos jovens terão visões".

Mas nossa sociedade descarta ambos, descarta os jovens do mesmo modo que descarta os velhos. No entanto, a salvação dos idosos é dar aos jovens a memória. Isso torna os velhos verdadeiros sonhadores de futuro, enquanto a salvação dos jovens é pegar essas lições, esses sonhos, e levá-los adiante com a profecia. Para que nossos jovens tenham visões, sejam *sonhadores*, possam enfrentar os tempos futuros com audácia e coragem, é necessário que escutem os sonhos proféticos de seus antepassados. Os velhos sonhadores e os jovens profetas são o caminho da salvação desta nossa sociedade desenraizada: duas gerações de descartados podem salvar a todos.

Tudo isso está ligado ao que chamo de revolução da ternura, porque é preciso ternura para um jovem se aproximar de um idoso e é preciso ternura se um idoso quiser aproximar-se de um jovem. A mensagem deve partir de ambos, não existem hierarquias entre aqueles que devem se procurar.

No entanto, infelizmente, entre os adultos – desta vez não falo de idade, mas da geração intermediária – e os jovens vejo sempre muita competição, que parte dos adultos na direção dos jovens e até dos adolescentes. Em muitos casos poderíamos falar até mesmo de rivalidade.

Como se chegou a essa rivalidade?

Parece que crescer, envelhecer, *amadurecer*, seja um mal. É sinônimo de vida esgotada, infeliz. Hoje, parece que tudo é manipulado e mascarado. É como se o simples fato de viver já não tivesse sentido em si mesmo. Recentemente falei como é triste ver alguém que quer fazer cirurgia plástica até mesmo no coração! Como é doloroso que alguém queira apagar as rugas de tantos encontros, de tantas alegrias e tristezas! Muitas vezes existem adultos que querem agir como jovens, que sentem a necessidade de se colocar no nível dos adolescentes, mas não entendem que isso é um engano. É um jogo do diabo. Não consigo entender como é possível que um adulto se sinta em competição com um jovem, mas, infelizmente, acontece cada vez mais. É como se os adultos dissessem: "Você é jovem, tem essa grande possibilidade e essa enorme promessa, mas eu quero ser mais jovem do que você, posso ser, posso fingir ser melhor que você em tudo".

Há muitos pais com cabeça de adolescentes, que praticam a eterna vida efêmera e, conscientemente ou não, fazem de seus filhos vítimas desse perverso jogo do efêmero. Porque, por um lado, educam os filhos na cultura do efêmero e, por outro lado, fazem com que cresçam sempre mais desenraizados, em uma sociedade que costumo chamar de "desenraizada".

Alguns anos atrás, em Buenos Aires, peguei um táxi: o motorista estava muito preocupado, quase desolado, e me pareceu à primeira vista um homem inquieto. Ele me olhou pelo espelho retrovisor e disse: "O senhor é o cardeal?". Respondi que sim, e ele replicou: "O que fazer com esses jovens? Não sei mais como administrar meus filhos. No último sábado, saíram, quatro garotas que acabaram de chegar à maioridade, todas da idade de minha filha, e levavam quatro sacolas cheias de garrafas. Perguntei o que fariam com todas aquelas garrafas de vodca, uísque e outras coisas; sua resposta foi: 'Vamos para casa nos preparar para a balada desta noite'". Esta história me fez refletir muito: aquelas garotas eram como órfãs, pareciam sem raízes, queriam se tornar órfãs de seu próprio corpo e de sua razão. Para garantir uma noite divertida, tinham que chegar já embriagadas. Mas o que significa chegar à balada já embriagadas?

Significa chegar lá cheias de ilusões e levando consigo um corpo que não comandam, um corpo que não responde à cabeça e ao coração, um corpo que responde apenas aos instintos, um corpo sem memória, um corpo composto apenas de carne efêmera. Não somos nada sem a cabeça e sem o coração, não somos nada se nos movemos como reféns dos instintos e sem a razão. A razão e o coração nos aproximam do mundo real e nos aproximam de Deus, para que possamos pensar em n'Ele e decidir procurá-l'O. Com razão e coração também podemos perceber quem está doente, nos solidarizar com ele, tornar-nos portadores do bem e do altruísmo. Nunca esqueçamos as palavras de Jesus: "Quem quiser ser grande entre vós seja o servidor, e quem quiser ser o primeiro seja o servo de todos. Pois o Filho do Homem não veio para ser servido, mas para servir" (Mc 10, 43).

> *E os governantes pensam nessas palavras de Jesus?*

Governar é servir cada um de nós, cada um dos irmãos que compõem o povo, sem esquecer ninguém. Aquele que governa deve aprender a olhar para cima apenas para conversar com Deus, e não para dar uma de deus. E deve olhar para baixo apenas para levantar alguém que caiu.

O olhar do homem deve estar sempre nessas duas direções. Olhe para o alto, onde está Deus, e para baixo, para aqueles que caíram, se quiser se tornar grande: as respostas às questões mais difíceis sempre são encontradas quando olhamos para essas duas direções ao mesmo tempo.

> *O que o senhor poderia aconselhar àqueles que governam?*

Aconselho-os a não ouvir somente os intermediários, mas descer, para realmente olhar ao seu redor. Aconselho aqueles que governam a *tocar* a realidade. E ficar longe da vaidade e do orgulho: o homem vaidoso e orgulhoso não conhece a sabedoria, e o homem sem sabedoria sempre termina mal.

> *Qual é a pior consequência do pecado que pode atingir aqueles que estão no poder?*

Seguramente a autodestruição. Mas há outra, que não sei se é realmente a pior, mas é muito recorrente: acabar passando por ridículo. E do ridículo não se volta atrás.

Qual foi uma das figuras mais ridículas da história? Na minha opinião foi Pôncio Pilatos: se ele soubesse que tinha diante de si o Filho de Deus, e que o Filho de Deus havia usado o Seu poder para lavar os pés de Seus discípulos, ele teria lavado as mãos? Penso realmente que não!

O evangelista João nos diz que o Senhor estava consciente de ter todo o poder do mundo em suas mãos. E o que ele decidiu fazer com todo esse poder? Um único gesto, que era um gesto de serviço, em particular o serviço do perdão. Jesus decidiu que, daquele momento para sempre, o poder deveria ser transformado em serviço. Qual foi a verdadeira mensagem profética de tudo isso? Ele derrubou os poderosos dos seus tronos e exaltou os humildes. O poder é um serviço e deve permitir ao próximo sentir-se bem cuidado, segundo sua dignidade. Aquele que serve é igual àquele que é servido.

> *Então, na prática, quem tem tanto poder o que deveria fazer?*

Quanto mais poder se tem, mais se deve estar disposto a servir. Aquele que tem um pouco mais de poder deve estar disposto a servir um pouco mais. Aqui, sim, deveria existir uma verdadeira competição: entre aqueles que querem servir mais.

Mas, para responder à sua pergunta de forma mais completa, posso elencar cerca de quinze doenças muito perigosas para as pessoas: eu as escrevi para ser um roteiro [de exame de consciência] para a Cúria [Romana], mas são igualmente úteis para aqueles que têm poder e para cada um de nós. Diria que, de certo modo, estão realmente ligadas ao poder.

A primeira é a doença de sentir-se imortal ou mesmo indispensável: deriva do narcisismo e é típica daqueles que observam apaixonadamente a própria imagem, não veem Deus nos olhos dos outros e, acima de tudo, não reconhecem a Luz de Jesus nos olhos dos necessitados. O remédio para curá-la é a graça de nos sentirmos pecadores e dizer, com todo o nosso coração: "Somos simples servos. Fizemos o que devíamos fazer" (Lc 17, 10).

A segunda é a doença que chamo de "martalismo" (que vem de Marta de Betânia, relatada no Evangelho de Lucas), ou seja, o excesso de atividade: é aquela de quem mergulha no trabalho, deixando inevitavelmente de sentar-se aos pés de Jesus (Lc 10, 38-42). Negligenciar o repouso necessário provoca estresse, ansiedade e inútil agitação.

A terceira doença é o endurecimento mental e espiritual, típico de alguém que tem um coração de pedra e uma "cabeça dura" (Atos 7, 51). É a doença daqueles que, ao longo do caminho, perdem a serenidade, a vivacidade, a audácia, e acabam se tornando máquinas de práticas. É própria de quem perde a vontade de confrontar-se, de acordar todas as manhãs e viver como se fosse o primeiro dia de sua missão.

A quarta doença é a da exagerada organização e da funcionalidade: quando uma pessoa planeja tudo meticulosamente e acredita que, se fizer um perfeito planejamento, as coisas vão progredir apenas por esse motivo. Transforma-se em um contador, faz contabilidade de toda a existência. Mas não se pode limitar a liberdade do Espírito Santo a um programa. O Espírito Santo traz novos ares, novas ideias, novidades – veja a semelhança com o conceito de jovens de que falávamos.

A quinta doença é a má coordenação: é como se o pé dissesse ao braço "Eu não preciso de você", ou a mão dissesse à cabeça "Quem manda sou eu", causando desconforto e indignação.

A sexta doença é o que chamo de "Alzheimer espiritual": é o esquecimento da própria história de salvação, da história pessoal com o

Senhor, do "primeiro amor" (Ap 2, 4), de suas próprias raízes; isso acontece em particular com todos aqueles que vivem hedonisticamente, que são escravos de suas paixões, dos seus caprichos, de suas manias, de suas fobias, dos seus instintos, às vezes desqualificados e baixos.

A sétima doença é a da rivalidade e da vanglória: ela vem quando a aparência, as cores das vestes e os títulos honoríficos se tornam o principal objetivo da vida, e a pessoa esquece as palavras de São Paulo: "Nada façais por ambição ou vanglória, mas, com humildade, cada um considere os outros superiores a si e não cuide somente do que é seu, mas também do que é dos outros" (Fp 2, 3-4).

A oitava doença é a esquizofrenia existencial. É típica daqueles que levam uma vida dupla, fruto da hipocrisia do medíocre e do vazio espiritual que diplomas, honras ou títulos não podem preencher. É a doença daqueles que perdem o contato com a realidade, com pessoas concretas, e se tornam simples executores de tarefas burocráticas. Essas pessoas criam seu próprio mundo paralelo, onde colocam de lado tudo o que ensinam severamente aos outros e começam a viver uma vida secreta e muitas vezes depravada.

A nona doença é a da conversa, do murmúrio, da fofoca. É uma doença grave. Muitas vezes, começa apenas com uma "conversa fiada", mas depois toma conta da pessoa e a transforma em um semeador de ervas daninhas [cizânia], como Satanás e, em muitos casos, assassina a sangue-frio da reputação dos outros. Sim, porque é possível matar o próximo também com a língua; jamais devemos subestimar a força das palavras. Pode-se então falar de "terrorismo da fofoca", porque essa conversa fiada se assemelha precisamente à ação do terrorista: com a língua você joga a bomba, destrói os outros e depois sai como se nada tivesse acontecido, tranquilo.

A décima doença é a de divinizar os chefes. É a doença daqueles que cortejam de modo exagerado os dirigentes, esperando obter seu favor. Nunca caia no carreirismo e no oportunismo; devemos honrar a Deus e pensar sempre antes no que devemos *oferecer*, ao invés de pensar somente naquilo que podemos *obter*.

A décima primeira doença é a indiferença em relação aos outros: quando cada um pensa apenas em si mesmo e perde a sinceridade e o calor das relações humanas. Mas também acontece quando os mais experientes não colocam seu conhecimento a serviço de colegas menos experientes. Ou quando, por inveja ou esperteza, se sente prazer em ver o outro cair, ao invés de elevá-lo e encorajá-lo.

A décima segunda doença é a da cara de enterro, ou seja, das pessoas rudes e carrancudas, que acham que ser sério é pintar o rosto com melancolia e severidade, e tratar os outros, especialmente os que são considerados inferiores, com rigidez, dureza e arrogância.

A décima terceira doença é "comprar por comprar", o consumismo. É a doença do acúmulo: quando a pessoa tenta preencher um vazio existencial em seu coração acumulando bens materiais, não por necessidade, mas apenas para se sentir seguro. Na realidade, não existe nada de material que possamos levar conosco, porque "mortalha não tem bolso". Você já viu um caminhão de mudanças acompanhar um enterro? Pessoalmente nunca vi...

A décima quarta doença é a dos círculos fechados, onde a adesão ao grupo se torna mais forte do que ao próprio Cristo. Esta doença quase sempre começa com boas intenções, mas com o passar do tempo termina em maus hábitos, escravizando seus membros.

A última doença sobre a qual gostaria de falar com você é a do benefício mundano, do exibicionismo, quando a pessoa transforma seu serviço em poder e seu poder em mercadoria para obter benefícios mundanos e ainda mais poder. É a doença do poder que se alimenta de si mesmo, das pessoas que buscam de modo insaciável multiplicar seus poderes e, para alcançar esse objetivo, são capazes de caluniar, difamar e desacreditar os outros, mesmo em jornais e revistas. É uma doença que se nutre orgulhosamente da vaidade. Os antigos Padres do Deserto compararam a vaidade com a cebola porque – diziam – é difícil chegar ao seu núcleo: mesmo que você continue a descascar, sempre restará alguma coisa; ao menos fica o cheiro. A vaidade é uma bolha de sabão; ser vaidoso é sabotar a própria vida.

> *Existem doenças morais piores do que outras?*

Existe uma doença muito séria e tenho muito medo dela, pois é muito difusa, especialmente em nosso tempo: é a incapacidade de sentir culpa.

Temo aqueles que tenho chamado de "alpinistas ambiciosos", que talvez, por trás de seus diplomas internacionais e sua linguagem técnica (muitas vezes "gasosa"), escondem sua precária sabedoria e, acima de tudo, uma quase total ausência de humanidade. Não raramente, muitas pessoas, por medo da dor e da fadiga, do trabalho e do sacrifício, preferem acreditar nesses indivíduos pouco recomendáveis – mesmo que muitas vezes sejam recomendados. Mas o que seria o ser humano sem a dor?

Aqui, tocamos em outro tema que considero muito importante: o medo da dor moral. É por meio da dor que aprendemos a crescer dia após dia. A dor e as provações da vida nos proporcionam uma oportunidade indispensável de conhecer as profundezas de nossa alma e compreender nossos limites, até que cheguemos a nos perguntar: ainda é preciso escorrer mais sangue para que nosso orgulho ferido e falido reconheça sua derrota?

A dor também pode nos dar um ensinamento útil, não vamos esquecer: pode nos ajudar a entender quanto estamos cavando sob a superfície e, portanto, pode ser determinante para mudar radicalmente nossas atitudes, nossos comportamentos. Esse raciocínio não deve ser confundido com o masoquismo, vamos ser claros: estou falando de uma dor que não é procurada, mas que chega e, portanto, deve ser enfrentada.

> *Gostaria de retomar o tema da insatisfação juvenil: o fato de que o jovem nunca se sinta realizado pode estar ligado ao medo que ele tem de envelhecer? Quero dizer: ele quer permanecer sempre jovem para não ver o fim da esperança de oportunidade. Isso estaria em consonância com os dados que indicam que cada vez mais jovens e muito jovens recorrem à cirurgia plástica...*

> *Então, recapitulando, há adultos que, como o senhor diz, perseguem o mito da eterna juventude, e há jovens que têm o mesmo medo do envelhecimento dos adultos...*
> *O que acha do excesso de cirurgia plástica em jovens?*

Acredito que os jovens, tanto rapazes quanto garotas, recorrem cada vez mais à cirurgia plástica sobretudo para adequar-se aos padrões da sociedade e não acabar entre os resíduos a serem descartados; pelo menos eles tentam prolongar a ilusão de serem protagonistas. Infelizmente, até que nos recuperemos desta cultura do descarte, os mais frágeis continuarão a se iludir de que é possível encontrar uma solução no efêmero.

Todos devemos dar-nos conta de que uma sociedade construída sobre o efêmero e sobre o descarte cria apenas prazeres momentâneos e ilusórios, e não alegrias profundas e duradouras.

Entre as tendências atuais do efêmero, quais suscitam no senhor mais preocupação?

Provoca minha reflexão, e até um certo medo, o exagero da moda daqueles que na Argentina costumamos chamar de *mascotes*, que são os pequenos animais de estimação que sempre mais e mais pessoas carregam todos os dias e o dia todo. Muitas vezes existe um forte amor pelos animais, um tema importante e que, na minha opinião, é correto levar em conta, porque Deus criou o ser humano, mas também os animais e o ambiente. Mas preocupa quando as pessoas – envolvidas por um enorme sentimento de solidão e talvez pelo desejo de experimentar "a sensação de fazer-se de deus" – são completamente absorvidas interiormente pelo relacionamento com sua *mascote*. Usam os animais e não respeitam sua dignidade. É a moda ilusória de criar um afeto programado: a amizade programada, a família na palma da mão, o amor ao alcance dos dedos. É um amor à imagem e semelhança de si mesmo, que esquece o ser humano e as relações sociais, identificando a *mascote* como uma pessoa. Na realidade, esse animal torna-se um escravo do dono, que é beneficiado com um relacionamento criado artificialmente para substituir as relações sociais humanas, que, ao contrário, requerem diálogo e intercâmbio recíproco. O relacionamento com a *mascote* corre o risco de se tornar um vínculo unilateral, no qual se será sempre e de todas as maneiras perdoado e se poderá fazer qualquer coisa. Isso não tem nada a ver com o amor pelos animais, que é nobre e, portanto, uma outra coisa.

Além disso, certamente me causa muito medo a indústria da estética e da cirurgia plástica. Não podemos permitir que isso se torne uma necessidade do ser humano; para o bem de todos nós, não podemos aceitar os exageros de uma estética artificial. Tudo isso desumaniza a beleza da pessoa, transformando-a em algo "igual a todos".

Mas será que não nos damos conta do quanto é feio ser transformado nesse "igual a todos"?

Por que as pessoas querem se parecer com um padrão?

Por que não amam o modo como fomos feitos por Deus?

Por que o ser humano, homem e mulher, está se tornando cada vez mais escravo do parecer, do ter, esquecendo quanto é indispensável o ser?

São perguntas nas quais penso frequentemente, porque considero que esses temas são muito importantes em uma sociedade como a nossa, tão líquida e cheia de começos sem fim: essa talvez seja a imagem certa.

Nesse sentido, basta conectar-se ao Facebook, Instagram, Twitter, Pinterest e digitar #lips #lábios #beijos #kiss para testemunhar um aumento enorme de cirurgias plásticas, tanto de jovens homens quanto de mulheres jovens. Quanto mais eles são refeitos, mais recebem curtidas.
O que o senhor pensa de tudo isso?

Penso que é preocupante, porque também nesse caso vemos a tendência a querer "dar uma de deus": brinca-se de construir uma imagem diferente daquela que se tem por natureza e pela história natural. Arrisca-se que a reconstrução contínua de uma vida nova e paralela crie dependência e acabe substituindo aquela que recebemos de Deus. Sim, porque a vida é um dom, não me canso de repeti-lo. Se recebo um presente e começo a modificá-lo a cada dia segundo o meu gosto, não vou acabar desapontando aquele que me deu o presente?

Deus perdoa, é verdade, mas devemos refletir mais sobre o que realmente somos, substancialmente. Ainda que entendamos cada vez mais que a causa de tudo isso é a própria sociedade que consome, consome e consome, deixamos pouco espaço para a essência e muito para a aparência. E, portanto, "refazer-se" também parece tornar-se uma exigência para retardar o descarte.

Outra coisa, no entanto, é o adequado cuidado de si mesmo, o desejo de apresentar-se bem aos outros, o respeito, o decoro, a valorização positiva de si mesmo, fruto de uma adequada autoestima e do senso da própria dignidade. Esse é o cuidado correto do corpo e da imagem, que também expressa saúde e beleza interior. Essa é uma coisa boa e justa.

Mas o equilíbrio é difícil, eu sei. É difícil transformar um ser humano sem transformar a sociedade que o nutre, e é aqui que quero reafirmar minha forte confiança nos jovens, que podem mudar a sociedade juntamente com os idosos.

> *Poderia me contar alguma experiência concreta de eficácia no relacionamento entre jovens e idosos?*

Começo do início: quando criança, às 2 horas da tarde, todos os sábados, minha mãe nos fazia ouvir uma ópera que era transmitida pela Rádio Nacional (ainda não tínhamos um aparelho de toca-discos) e ela nos explicava, como uma verdadeira apaixonada pela música, a história daquelas melodias e dos seus autores: graças a essas experiências do início de minha vida, acabei me interessando com entusiasmo pela cultura e pela maravilha da criatividade. Depois, quando me tornei jovem, o sábado permaneceu para mim um dia muito importante, porque podia ir ao teatro de ópera ver as apresentações ao vivo. Lembro-me perfeitamente de meu lugar no teatro, o que na Argentina chamamos de *gallinero*: escolhia aquele lugar porque era onde se pagava menos. Ao lado de nossa casa em Buenos Aires havia uma família, e com eles morava uma senhora que tinha dois filhos e era viúva. Ela se ocupava dos serviços domésticos da família com grande dignidade; era uma mulher extremamente culta, adorava ler livros de filosofia; ela também tinha uma certa dose de autoridade; a família a via como um ponto de referência para o cuidado da casa, e todos tinham muita confiança nela. Conversávamos com frequência, e recordo bem o primeiro dia em que a convidei para assistir a uma ópera comigo: ela estava feliz; durante a apresentação olhei para ela e vi seu sorriso. Isso me fazia muito bem, havia curado sua invisibilidade com minha consideração. Eu havia cuidado dela, mas, ao mesmo tempo, ela cuidava da minha alma, porque me fazia sentir-me bem; ficava satisfeito de ir com ela em algum sábado para ver a ópera. Quando saíamos da apresentação, conversávamos sobre o espetáculo, trocávamos impressões críticas e opiniões. Essas experiências são tão fortes e felizes que ainda me lembro delas como se tivessem acontecido nesta manhã. Isso me fez crescer, me fez conversar com profundidade pela primeira vez com uma pessoa idosa que não fazia parte da minha família biológica, e esse é um aspecto muito importante.

E aqui volto à questão de como um jovem pode ser importante para um idoso, e um idoso para um jovem. Para continuar a responder à sua pergunta, gostaria de falar sobre outra pessoa: sempre trago uma medalha do Sagrado Coração de Jesus que me deu uma senhora da Sicília que ajudava minha mãe nos trabalhos da casa duas vezes por semana; uma senhora viúva, que trabalhava de faxineira para criar os filhos. Depois que entrei para o seminário, não a vi por cerca de vinte anos, até um dia, acho que foi em 1981, quando eu era reitor no Colégio Massimo e ela veio à faculdade me procurar: me avisaram, mas eu estava muito ocupado com os problemas do dia a dia, por diferentes questões que exigiam minha atenção, e disse à secretária para informá-la de que não estava lá naquele momento.

Você não imagina quanto chorei quando me dei conta do que havia feito: foram anos de pranto e culpa.

Rezava para reencontrá-la e que o Senhor me perdoasse essa injustiça.

Um dia, quando já era bispo, um padre me disse que havia conversado com um motorista de táxi, um homem que dizia me conhecer. Ele deixou seu número de telefone para esse padre, perguntando se poderia entregá-lo para mim. Era o filho dessa senhora! Finalmente senti que seria a oportunidade de limpar o que para mim havia sido um grande pecado e me fizera sofrer tanto. Liguei imediatamente para o filho, que me disse que a mãe ainda estava viva, e manifestei o desejo de vê-la o quanto antes. Aquela mulher havia sido muito importante para mim, havia me feito entender a crueldade da guerra, me contava tudo sobre aquele período, que eu podia praticamente ver através dos seus olhos. Desde que nos reencontramos, nunca parei de agradecer ao Senhor por essa graça que me concedeu. Depois, quando ela já tinha 92 anos, fiquei junto dela no momento da morte. Quem tem experiência tem o dever de disponibilizá-la aos jovens, com altruísmo.

> *Deus é para todos? Até mesmo para quem não crê em Deus?*

Quando estive em Cracóvia para a Jornada Mundial da Juventude, um jovem estudante universitário me perguntou: "Como posso falar com um ateu da minha idade? O que posso dizer a um jovem ateu que não tem nenhum relacionamento com Deus?".

Respondi: "Por que você precisa falar? Devemos sempre fazer, não dizer. Faça. Se você começar falando, fará proselitismo, e fazer proselitismo significa usar as pessoas. Os jovens são muito sensíveis aos testemunhos, eles precisam de homens e mulheres que sejam exemplos, que façam sem exigir nada dos outros, que se revelem pelo que são e basta. Serão eles, os outros jovens, a lhe fazerem perguntas, e assim chegará também o momento de você falar, de dizer".

> *Portanto somos todos filhos de Deus?*

Deus nos criou a todos, sem distinção. Deus também é nossa mãe. O Papa João Paulo I insistiu nessa imagem de Deus como mãe da humanidade. Ele pensava nisso a partir daquela passagem do profeta Isaías (49, 14-16): "Sião disse: o Senhor me abandonou, o Senhor se esqueceu de mim. Por acaso uma mãe se esquece do seu filhinho ou do amor ao filho de suas entranhas?".

Os sentimentos de ternura são muito recorrentes nas Escrituras, o amor de Deus também é "visceral", para dizer com uma palavra humana. Considero muito significativa a passagem de Lucas 13, 34: "Jerusalém, Jerusalém, que matas os profetas e apedrejas aqueles que te são enviados, quantas vezes eu quis reunir teus filhos como uma galinha reúne os pintinhos sob as asas e não quiseste!". Quando Jesus disse essas palavras, chorou sobre Jerusalém.

Mas gostaria de acrescentar algo mais sobre Deus. No livro do Apocalipse (21, 5), há esta frase: "Aquele que está sentado no trono disse: Eis que faço novas todas as coisas". Portanto, Deus é Aquele que sempre renova, porque Ele é sempre novo: Deus é jovem! Deus é o Eterno que não tem tempo, mas é capaz de renovar, rejuvenescer-se continuamente e rejuvenescer tudo. As características mais peculiares dos jovens também são Suas. Ele é jovem porque "faz todas as coisas novas" e ama a novidade; porque se encanta e ama o êxtase; porque sabe sonhar e deseja os nossos sonhos; porque é forte e entusiasmado; porque constrói relacionamentos e nos pede para fazer o mesmo, é social.

Penso na imagem de um jovem e vejo que ele também tem a possibilidade de ser "eterno", empenhando toda a sua pureza, sua criatividade, sua coragem, sua energia, acompanhado pelos sonhos e sabedoria dos idosos. É um ciclo que se fecha, que cria uma nova continuidade e me lembra a imagem da eternidade.

O sociólogo Erich Fromm falava de religião cibernética: o homem fez de si um deus, tendo adquirido a capacidade técnica de realizar uma segunda criação do mundo, substitutiva da primeira criação, obra do Deus da religião tradicional.
Trazendo o pensamento de Fromm para hoje, e ainda mais para o futuro próximo, fizemos dos computadores e da internet os novos deuses e temos a ilusão de ser semelhantes a Deus servindo aos computadores e à internet.
Os seres humanos, em sua condição radical de impotência efetiva, com o apoio da internet e dos computadores, conseguem se imaginar onipotentes. Mas não só: se somarmos a isso a cirurgia plástica e, portanto, a reconstrução do homem pelo próprio homem, e os animais de estimação que o senhor mencionou, que podem ser um exemplo de afeto programado, pré-fabricado, pode-se falar de um homem que se ilude, como nunca antes na história, com sua própria onipotência?

Com certeza se pode falar disso. Mesmo que a tecnologia seja mais um bem que um mal. É justo nos sentirmos felizes com os grandes progressos realizados pela tecnologia e pela ciência, cada vez mais conectados; afinal, os últimos dois séculos desenharam mudanças contínuas e sempre mais importantes: passamos da máquina a vapor para o telégrafo, a eletricidade, o automóvel, aeronaves, indústrias químicas, tecnologia da informação e, recentemente, a revolução digital, a robótica, a biotecnologia e a nanotecnologia. Todos eles certamente foram grandes passos para a humanidade. Mas vamos nos fazer uma pergunta: como a humanidade fez para criar todas essas coisas? A resposta em uma só palavra: criatividade. Gostaria de citar João Paulo II, que em 1981 disse: "A ciência e a tecnologia são um produto maravilhoso da criatividade humana, que é um dom de Deus". Se falamos de tecnologia, devemos sempre lembrar que ela, em suas inúmeras facetas, tem sido um progresso real, um remédio para inúmeros males que afligem o ser humano.

Ao mesmo tempo também é verdade que todas essas tecnologias deram ao ser humano um enorme poder em relação ao que ele tinha no passado; e em particular é importante analisar como aqueles que têm grandes possibilidades econômicas podem explorar e dominar todas essas tecnologias de forma impressionante. E aqui concordo com você quando diz que a humanidade nunca teve tanto poder sobre si mesma. Infelizmente, a pergunta que muitas vezes me faço é: a humanidade está usando bem esse poder? Tendo começado a frase com um infelizmente, não acho necessário acrescentar mais nada...

Como um jovem pode realizar-se sem entrar no mecanismo da corrupção? Cito suas palavras: a diferença entre pecadores e corruptos é que os primeiros reconhecem o pecado como tal e o enfrentam com humildade; estes últimos transformam seu modo de vida em um sistema e pecam sem se arrepender.

Os corruptos estão na ordem do dia. Mas os jovens não devem aceitar a corrupção como um pecado como os outros, nunca devem se acostumar com a corrupção, porque o que deixamos passar hoje amanhã vai se repetir, até que acaba se tornando um hábito e nós também nos tornaremos parte dessa engrenagem. Os jovens têm a pureza, assim como os idosos, e, juntos, jovens e anciãos devem ter orgulho de encontrar-se – limpos, puros e saudáveis – para criar um caminho de vida comum sem corrupção. Quero explicar bem a ideia de pureza como um conceito que une jovens e velhos. Os jovens são puros porque não conhecem a corrupção na pele, são até certo ponto plasmáveis a partir do presente, e isso também pode ser perigoso, porque a pureza que eles vivem pode se transformar em algo feio, impuro, sujo, especialmente se eles precisam lidar com repetidas tentativas de proselitismo e conformação à massa. Com a velhice, falando em termos gerais, porque, infelizmente, nem todos os casos específicos são assim, os seres humanos retornam, em certo sentido, ao seu estado "puro", não têm mais a ganância do sucesso, do poder, não são mais influenciados pelo efêmero como podem ter sido como adultos. E atenção: mesmo um velho arrependido, que há anos fazia parte dos corruptos, pode se tornar útil para o crescimento dos jovens. Esse velho conheceu e reconheceu de fato os mecanismos da corrupção, e assim pode indicar ao jovem como não cair nessa, compartilhando com ele a experiência e explicando-lhe como não provocar sua própria ruína. Então, voltamos à importância do testemunho.

O corrupto não conhece a humildade, ele sempre é capaz de dizer "não fui eu", e faz isso com a maior cara de santinho – "*fa la mugna quacia*" [cara de imagem de santo], como dizemos no dialeto piemontês –, vive a maquiar o próprio erro, está cansado demais para pedir perdão e acaba por deixar de pedi-lo.

Pelo contrário, pensemos no Evangelho: Mateus, o bom ladrão, Zaqueu, são todas figuras que pecam, mas não são corruptas, não se inclinaram para a corrupção; permaneceu neles uma âncora de salvação que os protege da corrupção.

Basta uma fresta de esperança no coração para que Deus possa entrar.

Aos jovens já foi tirado tanto, mas haverá esperança até que não sejam corrompidos.

Na sua opinião, qual poderia ser a missão de cada jovem para ajudar outros jovens a encontrar um lugar na sociedade?

Os jovens devem olhar uns para outros como se fossem uma grande família. E aqueles que conseguem espaço, encontram um caminho, devem se sentir responsáveis por enviar uma mensagem, sentir-se profetas para dizer como se pode fazer o bem, fazer coisas boas. Quem está mais à frente deve ajudar os outros a ter força.

O que se pode fazer para aumentar a conscientização sobre o estado de emergência social em que vivemos?

Fala-se de "filosofia do tapa"; entendo que seja um tapa cultural, obviamente, não físico. Devemos demonstrar, com fatos e testemunhos, que o diálogo entre idosos e jovens enriquece a todos e traz evolução para a sociedade. Esse seria um grande tapa cultural. Vejo isso também em pequenas iniciativas. Basta organizar um passeio com jovens a uma casa de repouso para idosos. É uma experiência magnífica para todos. Respeitadas as devidas proporções, pensemos no que aconteceria se na vida de todos os dias se criasse uma verdadeira sinergia entre jovens e idosos.

O senhor tem conseguido fazer com que jovens de todo o mundo se sintam incluídos: crentes, agnósticos ou ateus, heterossexuais e homossexuais, e mostra isso com gestos concretos: compreende a fragilidade dos jovens e os ajuda, fala com eles, os estimula para que se aceitem, não pretende ensinar, mas com sua pureza ensina muito mais do que outros professores que se autoproclamam mestres. E a pureza testemunhada não precisa de atalhos ou explicações.

O que pensa o papa quando digo que seu pontificado é um elogio à fragilidade e aos descartados?

Apenas digo uma coisa... Eu queria que fosse assim. Sou um crente e permaneço maravilhado diante da fragilidade de Deus em Jesus, diante de Jesus "o descartado".

II
Neste mundo

> *As mudanças climáticas são cada vez mais alarmantes. Na sua opinião, os jovens percebem a urgência dessa questão? Os jovens de hoje estão mais propensos a proteger o ecossistema do que as gerações anteriores?*

É um assunto muito presente no meu coração, porque só protegendo o ecossistema podemos proteger nossos filhos, nossos netos e todas as gerações futuras. Consequentemente, o cuidado ambiental deveria ser escrito em vermelho na primeira página de toda agenda política. E isso está ligado a outra consideração, que infelizmente me assusta: a total subjugação da política a outros aspectos, como as finanças; uma política que se baseia no consumismo é uma política que acaba por ser invisível, porque inevitavelmente também consome a si mesma.

Mas você me pergunta se os jovens de hoje estão mais atentos aos problemas climáticos e ao ambiente em geral e respondo que sim. E não só porque tenho grande confiança nas jovens gerações, mas porque elas têm muito mais meios do que as gerações passadas para perceber a gravidade da situação. Nesse sentido, a internet é uma "bênção": permite que os jovens sejam sensibilizados por outros jovens e dá voz a pessoas em condições desfavorecidas. Todos nós sempre devemos olhar para aqueles que estão agora mais embaixo, aqueles que não interessam aos corruptos, para que possam passar de descartados esquecidos a "portadores de alegria".

> *Como o senhor relaciona a sensibilização em relação à questão climática e o descarte dos mais frágeis?*

Penso que as duas coisas estão extremamente relacionadas, porque estamos falando da mesma lógica: aquela que não se preocupa particularmente com o ambiente é a mesma lógica que descarta o mais frágil e que não os integra. Isso acontece porque a lógica de que falo considera pouco sensato investir para que os mais fracos, aqueles que começam a vida com desvantagem, possam fazer o seu caminho. Acredito fortemente que uma boa política deve pensar grande, com uma visão muito ampla, capaz de não excluir os mais fracos e fazer com que os parlamentares não passem o tempo todo das sessões entretidos com discursos intermináveis e, às vezes, inconsistentes. É necessário agir rapidamente, pensando sobretudo naqueles que ficaram para trás, e não apenas naqueles que estão à frente, como muitos gostam de fazer. Muitas vezes a causa do descrédito que os jovens – mas não só eles – têm pela política é responsabilidade exclusiva dela mesma, por causa de políticas públicas ineficazes e também do excesso de corrupção, tudo muito visível e à luz do dia. Parece que falta a vergonha de pecar, e esse é um pecado terrível.

> *A crise ambiental se deve mais à política ou à economia?*

Se a política pensa unicamente em preservar e aumentar o próprio poder e a economia apenas em rendimentos de curto prazo, provavelmente é necessária uma dupla admissão de culpa, mas acima de tudo uma boa sinergia para resolver a raiz do problema. Se esses dois princípios dominarem, haverá espaço para preservar o ambiente e cuidar dos mais frágeis?

Gostaria de dizer uma palavra sobre a economia, e acho que essa é a ocasião certa: não quero demonizar o mercado enquanto forma de organizar nosso intercâmbio de bens. No entanto, devemos nos fazer uma pergunta pontual: a própria ideia de "mercado" nos faz pensar em quê? Em pessoas que compram e vendem. Tudo o que não faz parte da compra e venda não se encaixa nesse contexto. Mas você já pensou no fato de que nem tudo pode ser vendido e nem tudo pode ser comprado? Espiritualidade, amor, amizade: tudo isso não pode ser comprado, mas parece que, para "ser alguém", você precisa *possuir* algo mais do que *ser* algo. Também me refiro à conquista de cargos de direção ou gestão: são todos *coisas*. Você se sente alguém por causa desse cargo, que lhe dá uma função, dá uma função ao seu nome, e então você não sente mais vergonha de quem você é, seja qual for sua origem, porque você conquistou essa função no banquete do consumo. Quem compra nesse banquete do consumo garante um pouco mais de autonomia para não acabar entre os descartados. É como ter ainda um pouco de bateria no celular. Isso mesmo! Veja, os jovens hoje têm verdadeiro pavor de ficar sem bateria no *smartphone*: significa estar *fora* do mundo, excluído das conexões, das "possibilidades" do banquete do consumo. E, quando você é excluído, outra pessoa pode "roubar" a sua melhor compra. Quanto mais alta é a função, o nome impresso no cartão de visitas em destaque, mais a bateria parece estar com carga total. Mas aqueles que vivem no ritmo da sociedade de consumo sempre terão uma autonomia limitada. Porém, tudo aquilo que não pode ser comprado tem muito mais valor porque é íntimo, só para nós, ninguém pode roubá-lo de nós com o dinheiro. Aquilo que não pode ser comprado, como o amor, o carinho, a amizade, a estima, deve ser cuidadosamente cultivado, deve ser mantido com extrema atenção, e é necessário empenhar todo o coração para não deixar que acabe murchando. É necessário regá-lo com o coração. O risco desses bens de Deus não é o roubo ou a bateria descarregada: o verdadeiro risco é deixá-los murchar devido à nossa falta de cuidado.

Os meios de comunicação falam praticamente todo dia sobre a ameaça nuclear, referindo-se, em particular, aos riscos inerentes ao regime norte-coreano.

Volto a pensar em Erich Fromm, que falava do homem moderno a serviço da "deusa da destruição", portanto a serviço de uma autocriação, que parece ser, no imaginário coletivo, uma fonte de vida autônoma e eterna. A ameaça nuclear não é mais citada em função do ser humano, mas como uma ameaça em si mesma: nos jornais não se lê "o perigo do homem com a bomba atômica na mão"; lê-se "o perigo da bomba atômica". Portanto, supõe-se que o mal já tenha sido criado e só precisamos esperar para descobrir quem vai apertar o gatilho. Para demonstrar sua tese, Fromm diz que tem duas provas convincentes: a primeira é que as grandes potências – e até algumas menores – continuam a construir armamentos nucleares sempre de maior capacidade destrutiva, sem conseguir chegar a uma única solução sensata, vale dizer, à destruição de todas as armas de guerra do gênero e usinas atômicas que fornecem material para ogivas nucleares. E a segunda prova é que praticamente nada tem sido feito para eliminar o perigo de uma catástrofe ecológica. Em poucas palavras, nenhuma medida concreta tem sido tomada para garantir a sobrevivência da espécie humana.

Hiroshima serviu para introduzir um jogo muito perigoso para a humanidade: "o jogo de fazer-se deus". Tornou-se o símbolo por excelência do homem capaz de fazer--se temido como um deus malvado, capaz de destruir em poucos segundos – sem um exército e sem multidões hipnotizadas em seguida – centenas de milhares de vidas. Um "mal invisível", que de um momento para o outro pode se manifestar sem o apoio de batalhões ou declarações de guerra, um mal que se alimenta de "medo líquido", que pode ocorrer em todos os lugares.

Nagasáki foi ainda pior do que Hiroshima: afinal, já que a bomba tinha sido fabricada, não podia ser desperdiçada; mesmo que a guerra estivesse terminando e o alvo que se queria atingir não pudesse ser destruído devido à visibilidade reduzida, foi lançada mesmo assim, em uma área industrial, apenas pela "obrigação de jogar". Portanto,

estava feito. A "síndrome de Nagasáki" é a indiferença emocional, mas também é uma necessidade de fazer o mal.
Ameaçar com essa arma desonesta e abominável parece ser um jogo, mas está habituando o ser humano a subestimar a prevenção do mal, alimentando apenas o medo.
O que o senhor pensa da ameaça nuclear?

Penso que as armas nucleares devem ser imediatamente destruídas.

O teólogo Romano Guardini refletiu sobre duas formas de "incultura". Uma primeira incultura é aquela que o Criador nos deixou, para que a transformássemos em cultura, confiando-nos uma grande responsabilidade: cuidar e fazer crescer a cultura como se fosse uma terra. Essa incultura eu chamaria de "boa", porque pode se transformar em cultura.

A segunda incultura, porém, é bem diferente: é quando o homem não respeita sua relação com a terra, com a Criação, com a pessoa humana, não cuida dela. Chegar à energia atômica não é em si mesmo algo negativo, mas usá-la mal provoca incultura, destrói.

Vamos dar um exemplo prático: foi notícia a morte de frio de um morador de rua na Piazza Risorgimento [em Roma]? Acredito que não. Porém, quando as ações [da Bolsa de Valores] caem um ponto percentual, a notícia gira o mundo e todos começam a discutir como encontrar uma solução. Eis a questão: o ser humano como criador de incultura, e não de cultura. O homem torna-se criador de incultura porque não cuida do ambiente do qual ele mesmo faz parte, tornando-se escravo de suas próprias criações. Mais uma vez: o homem torna-se criador de incultura se, na escala de valores, os objetos criados pelo ser humano ocupam o lugar do próprio homem. Pensemos no mito de Frankenstein: quem era Frankenstein? Um ser – subitamente vivo – que se voltou contra a vida de quem o havia criado. Outro mito que explica o conceito de incultura podemos recolher da narrativa [bíblica] da construção da torre de Babel: era uma torre magnífica, mas alguém exagerou e quis elevá-la à *altura* de Deus, e esse foi o grande erro. Se penso na torre de Babel, me vem à mente também quanto trabalho aquilo custou: quando caía um tijolo da torre era uma tragédia, e quem o quebrava era punido sem piedade, mas, quando um dos trabalhadores caía e se machucava ou até morria, sabe o que acontecia? Absolutamente nada! Fazendo um paralelo com o que ocorre hoje, pense como tantas mortes no trabalho criam bem pouco escândalo, ou pelo menos um escândalo "com tempo determinado" – um, dois dias, e tudo passa. Por outro lado, pense no quanto é notícia quando se imagina, mesmo que somente nos debates, a possibilidade de entrar em vigor uma lei que limite a emissão de gases na atmosfera.

Precisamos entender quando estamos a ponto de terminar na incultura. O limite é muito sutil, mas nisso está o futuro da humanidade, sobretudo se falamos de temas como a ameaça nuclear.

A característica principal da cultura é "promover a harmonia" com a natureza. A incultura, ao contrário, se rege exatamente pela incapacidade de construir harmonia.

> *O sociólogo Robert Castel lembrava: "Nós, pelo menos nos países que se dizem avançados, vivemos sem dúvida numa sociedade entre as mais seguras (sûres) que já existiram". No entanto, hoje como nunca, temos o terror do medo, é como se o excesso de segurança se transformasse, como um bumerangue, no medo do seu oposto...*

É comum se acreditar que toda conquista de poder é simplesmente progresso; o fato é que o homem moderno não foi educado para o uso correto do poder, porque, para todos os efeitos, o imenso crescimento tecnológico não se desenvolveu na mesma medida da responsabilidade, dos valores e da consciência. O ser humano desenvolveu um poder tão grande que se tornou um verdadeiro problema para si mesmo; a gestão desse poder é muito preocupante, especialmente se estiver nas mãos de alguns e, em particular, na mão de pessoas que podem decidir autonomamente que coisa fazer com esse poder.

É preocupante a situação dos jovens, porque nossa sociedade – e em particular a política – não somente se limita a observar a realidade pelo olho mágico da porta, mas também aproveita e instrumentaliza a dor e a frustração dessas gerações exclusivamente para fins eleitorais. Os jovens hoje estão sendo forçados a votar cada vez mais nos extremistas, porque a política e muitos meios de comunicação os fazem sentir-se ameaçados do ponto de vista cultural e territorial. Os jovens criticam ou detestam a terra em que cresceram porque ela não lhes dá um futuro, mas são convidados diariamente a reivindicar sua territorialidade e seu nacionalismo, mudando o alvo da má política para o ódio ao migrante e, mais em geral, ao estrangeiro. Eles foram convencidos a assumir posições extremistas, e a política transferiu, com sucesso, o problema do "político" (que nos rouba o futuro, 2010- -2015) ao "estrangeiro" (que nos rouba a terra e o futuro, 2015-2018). Agora, os

tempos parecem maduros para se difundir teses agressivas, que se tornam populares, contra os migrantes. Se analisarmos cuidadosamente o fenômeno, penso que é necessário observar especialmente os jovens dos grupos populares ou dos subúrbios, aqueles que se transformam em grandes números e decidem até mesmo as eleições políticas; porque o que muitos agentes da mídia esquecem é que não são os jovens da elite que decidem o destino de um país, mas sobretudo os "desenraizados", os filhos morais de ninguém, que estão aumentando dramaticamente.
É como se a política usasse os migrantes como "armas de distração de massa".
Na sua opinião, por que cada vez mais jovens estão agora inclinados a ver no estrangeiro o pior mal?

Acredito que esse fenômeno faça parte de uma tendência à rigidez que muitos jovens usam como adorno. Quero dar um exemplo prático: já vi diversos jovens sacerdotes ou seminaristas que reagem a novidades e diversidades legítimas não com sabedoria, mas com rigidez mental. Na minha opinião, isso acontece porque eles estão assustados e porque querem obrigar-se a fazer uma escolha clara, que os ajude na construção de sua própria identidade, quero dizer, uma identidade verdadeira e única, mesmo dentro da Igreja. Mas acredito que a diversidade e seu desenvolvimento nos enriquecem profundamente e fazem progredir nossa sociedade, uma vez que não há nada mais útil do que o diálogo entre diversidades. Diálogo é fecundidade: permite-nos conhecer realmente o ser humano no mais profundo. O próprio diálogo entre jovens e idosos é um diálogo na continuidade, uma continuidade histórica, e também podemos dizer que é um diálogo com certas descontinuidades, isto é, com diversidades variadas. A diversidade nos permite escavar na alma e no coração: não existe o branco ou o preto; existem o branco, o preto, o cinza e depois diversas tonalidades de cinza. Todos somos filhos do mesmo Deus, devemos reconhecê-lo e estar preparados para receber cada jovem. A própria vida é cinza, é um caminho de busca para o qual não podemos ser rígidos, mas, como sociedade, orgulhosamente de diversas cores. Quem se joga nos extremos e na propensão à rigidez é um apavorado, se esconde na rigidez e faz isso por defesa.

Por detrás e por baixo de toda rigidez há sempre um problema não resolvido e também, quem sabe, uma doença. O que nos protege da rigidez é uma atitude humilde, aberta aos outros, a atitude daqueles que sabem escutar. A humildade é um favor que fazemos a nós mesmos. A rigidez é a reação mais fácil a esse fluxo de vida que nos leva para a frente.

Com os migrantes acontece o mesmo. Não se pergunta por que esse ser humano vem para cá, se ele foge de uma guerra, se não teríamos feito o mesmo em seu lugar: simplesmente quem é rígido tem apenas um refrão em mente: ele é um estrangeiro e tem que voltar para a sua casa!

Sabe o que penso quando vejo um migrante? Em primeiro lugar, penso no meu pai migrante. E depois pergunto-me: por que eles e não eu? E novamente repito para mim mesmo: por que eles e não eu? Todos nós poderíamos estar em seu lugar: devemos sempre nos colocar na pele do outro; aprendamos a usar os seus sapatos, a pensar como seria se não tivéssemos nem mesmo o dinheiro para comprar sapatos.

Se Deus nos deu a oportunidade de viver melhor, por que não agradecemos e tentamos nos colocar no lugar daqueles que são menos afortunados do que nós? Devemos nos sentir responsáveis pelo próximo. Seria maravilhoso se cada um de nós começasse a se perguntar: "O que posso fazer para aliviar a dor de outros, conterrâneos ou estrangeiros?". Mas em vez disso, infelizmente, aqueles que são rígidos têm apenas uma questão em mente: "O que posso fazer para mandá-los embora?". O mesmo acontece com as novas ideias: o rígido é incapaz de aceitá-las, mesmo que sejam razoáveis.

Se, por um lado, preocupa o fechamento dos populistas em relação aos migrantes, por outro lado é belo ver a generosidade de alguns povos com essa causa: por exemplo, entre outros, da Itália e da Grécia. É verdade que são os Estados mais próximos geograficamente, mas o que importa é que acolheram, estavam dispostos a receber, predispostos ao altruísmo, isso é o que realmente permanece e deve orgulhar os cidadãos desses países: eles mostraram ao mundo o valor da acolhida.

Há ainda outro problema, que é um verdadeiro drama. Falei sobre isso recentemente com dois chefes de Estado: a Europa não faz filhos. Estamos em pleno inverno demográfico e, apesar disso, alguns não querem que venham pessoas de outros países. Queremos uma Europa vazia? Apenas a França tem um número elevado de recém-nascidos, graças às medidas de ajuda para as famílias e para promover os nascimentos, mas obviamente é insuficiente para não termos uma "Europa vazia".

Às vezes, os casais pensam com mais urgência em organizar as férias, em vez de se dedicarem a construir uma família; será que eles têm medo de deixar o futuro nas mãos de herdeiros que testemunhem a grandeza de seu amor?

Não consigo entender esse medo...

Temos a responsabilidade de dar vida; como cidadãos, devemos povoar nossa pátria, mas, se não queremos fazê-lo nós mesmos, gostaria de dizer, em tom de brincadeira: deixemos que outros façam!

De qualquer maneira, é verdade, muitos jovens se alinham em posições rígidas, nas trincheiras do medo, e essa é uma tendência da qual devemos nos ocupar.

> *Algum tempo atrás estava em uma conferência dedicada aos riscos ligados à ausência de privacidade na* web. *Lembro em especial de um conferencista que estava explicando aos mais jovens – uma instituição inteira de ensino médio – que as fotos colocadas nas redes sociais – Facebook, Instagram, Snapchat ou outra –, uma vez online, já não são propriedade do autor e do sujeito retratado, mas se tornam propriedade de todos os usuários da rede social, que podem vê-las sempre que quiserem. Na primeira fila, começou um burburinho e imediatamente o conferencista perguntou o motivo ao jovem adolescente que parecia mais exaltado. Sua resposta foi realmente inesperada e, de certa forma, revolucionária: "O Facebook realmente pode nos notar? É verdade que minhas fotos podem ser vistas*

até mesmo por aqueles que gerenciam o site, que podem decidir até mostrar para outros? Tudo isso é fantástico: vou colocar algumas das minhas melhores fotos". Todos os colegas de classe pareciam entusiasmados com sua declaração. O que imediatamente pareceu claro para mim foi mais uma vez a enorme descontinuidade entre os adultos, preocupados em ser espionados, e as gerações mais jovens, preocupadas com o fato de não serem espionadas o suficiente. Se isso fosse confirmado ao longo do tempo, a sociedade desenraizada teria uma característica absolutamente original e importante, que marcaria o início de uma nova etapa na evolução da espécie: a inutilidade da privacidade e a necessidade do seu oposto. Um dos maiores medos de hoje é a invisibilidade, não conseguir ser visto...

Penso que o que você acaba de descrever seja normal na nossa cultura narcisista, e por isso não me surpreende. A cultura narcisista tem aumentado gradualmente na sociedade, até envolver diretamente as crianças do ensino fundamental. E entendo que isso pode mudar até mesmo o cérebro das pessoas; o cérebro muda, ele se modifica. O *aparecer* torna-se, portanto, mais importante do que o *ser* desde a primeira idade.

> *Quando o senhor era jovem, o que significava ter medo? Do que tinha medo?*

Tinha um grande medo quando jovem: o medo de não ser amado.

Vejo uma certa semelhança, embora indireta, entre o medo da invisibilidade e o medo de não ser amado: se não sou visível, não posso ser apreciado e, consequentemente, não me sinto amado... Não será verdade que hoje precisamos de grandes números para nos sentirmos amados – nos tornamos globais com nossos problemas privados –, mas antes ficávamos satisfeitos com o amor de menos pessoas?

Talvez o processo seja semelhante, mas o medo de ser invisível é algo de que os jovens dificilmente estão conscientes, é mais um medo inconsciente. Eu era muito consciente do meu medo de não ser amado.

> *Como o senhor superou o medo de não ser amado?*

Creio que o superei buscando a autenticidade: me dei conta de que jamais faria nada que não fosse autêntico, nem mesmo para comprar o amor e a estima do próximo. Também lutei contra a sociedade da aparência e continuo a fazê-lo, aceitando-me como sou, mas também refletindo sobre uma imagem na qual penso ainda hoje. A sociedade da aparência é construída sobre a vaidade, e qual é o símbolo da vaidade por excelência? O pavão! Pense no pavão: quando se imagina esse animal, todo mundo o vê com a cauda aberta, transbordando de cores. Mas a realidade não é bem essa. Você quer ver a realidade do pavão? Vire-se e olhe-o por trás. A vaidade sempre tem dupla face. E a autenticidade é o caminho para salvar-se porque traz a estima das pessoas, e, se as pessoas o valorizam pelo que você realmente é, então verá que vai se sentir amado. Ser amado é uma das consequências da autenticidade.

> *Em nossa sociedade líquida, e para os jovens também desenraizada, a ansiedade e a depressão aumentaram consideravelmente, mas a exigência de invisibilidade ao modo de Epicuro ("viva escondido") quase desapareceu. No entanto, a cura desses dois males poderia ser a invisibilidade. Precisamente essa invisibilidade que hoje aparece como a pior "doença social moderna". Se você não estiver visível na rede, terá pouca chance de escalar a pirâmide social e sentirá que não tem chances no shopping sentimental. O que o senhor sente que poderia dizer a um jovem que é vítima de ansiedade, depressão e se sente invisível, que não consegue encontrar uma dignidade e um significado para sua existência?*

Todos temos uma dignidade aos olhos de Deus, e somente Ele é capaz a nos ver no mais profundo, observando-nos para além de todos os nossos erros e para além de todos os nossos defeitos. Deus não nos pergunta apenas o que fizemos e onde estávamos; Ele também nos pergunta onde estamos e o que seremos. Ele quer curar nossas feridas, e aqui quero falar com você sobre outro aspecto que se relaciona com a depressão e a ansiedade: Deus quer que os jovens tenham uma missão. A cura da ansiedade e da depressão passa pela própria missão. Antes eu disse que os jovens são profetas, talvez os profetas mais importantes do mundo. A missão dos jovens é serem profetas, e, para serem profetas, eles têm que "sujar os pés" nas estradas, estar entre outros jovens que precisam de um sentido para a vida e ajudá-los, fazer-se portadores de esperança e descontinuidade em relação aos adultos. Se os jovens lutarem diariamente para melhorar este mundo a partir das pequenas coisas, poderão sair do estado de dependência quase absoluta em relação aos adultos. Eles terão que estar juntos, unir-se, respeitar uns aos outros e ter um objetivo claro: a missão é exatamente isso! Nos tornarmos missionários, no sentido mais amplo da palavra, nos permite observar o mundo com novos olhos, não mais como turistas da vida, mas como protagonistas. O diabo procura promover a competição, a divisão; ele gosta de ver os jovens dispersos e perdidos nesta sociedade, deprimidos e ansiosos; o diabo deseja que cada jovem esteja sozinho contra todos. O Senhor, por outro lado, quer os jovens unidos, procura a todos e faz isso para dar a cada um deles a Sua mão. O Senhor nos repreende pelas fraquezas que provêm de nossa falta de esperança. Portanto, a esperança é a base de todos os dias. Nunca devemos cair no abismo da depressão, mas lembrar que algumas vezes uma pequena luz é suficiente para recuperar a esperança. Para ser mais preciso, quanto mais escuridão existe, mais se nota uma pequena luz.

Quando falamos de ansiedade e depressão, no entanto, não devemos confundir as sensações e o mal-estar, porque todo ser humano tem duas inquietações, uma boa e uma ruim. A boa é a inquietação que nos é dada pelo Espírito Santo e faz com que a alma esteja inquieta para fazer coisas boas, para construir, enquanto a inquietação ruim nasce de uma consciência enferma, suja, e desgasta a pessoa que a carrega no sangue. Uma vez falei sobre uma coceira contínua para aqueles que vivem com a inquietude ruim... É uma imagem na qual penso também agora.

> *Como alguém se torna mau? Quais são as raízes do mal?*

Sempre falo das três principais raízes do mal: ganância, vaidade e orgulho.

> *Os jovens experimentam muito cedo a maldade. O que o senhor pensa sobre o fenômeno do* bullying *e seus apêndices online, que são o* ciberbullying *e o* trolling?

Fico admirado com a necessidade do ser humano de ser agressivo. É como se fosse uma necessidade, e acontece entre crianças e adultos.

Na Bíblia temos a história dos gêmeos Esaú e Jacó: a mãe sentia que, quando ainda estavam no útero, os dois gêmeos lutavam para um dominar o outro e, ao longo da vida, sempre lutaram, tornaram-se inimigos, depois amigos e depois inimigos de novo. Quando o assunto é *bullying*, penso logo nesses dois irmãos da Bíblia, porque representam bem o que quero dizer com a necessidade de ser agressivo: o primeiro a nascer foi Esaú e, logo depois, Jacó. De acordo com a lei da progenitura, a herança e a bênção de [seu pai] Isaac pertenceriam por direito a Esaú. Os anos passaram. Esaú é agora um jovem alto e forte como um carvalho; Jacó, por outro lado, é magrinho e dócil. Esaú é um caçador experiente, enquanto Jacó não é muito. Um dia, Jacó cozinhava uma sopa de lentilhas. Esaú chega do campo cansado e com fome. Ele diz ao irmão: "Deixe-me comer uma parte dessa sopa porque estou exausto". Jacó aproveita a circunstância. Ele estava interessado na primogenitura. Desejava ardentemente receber a bênção de Isaac. Então ele diz ao irmão: "Vou lhe dar esta sopa se você me der agora mesmo sua primogenitura". Esaú responde: "Estou aqui morrendo de fome. Para que serve minha primogenitura?". Então, sob juramento, Esaú vendeu seu direito ao irmão gêmeo por um prato de lentilhas. Esse diálogo pode abrir-nos a porta para o tema do *bullying*; sim, veja: o *bullying* é inventado pela violência. E mesmo o de Jacó é um exemplo de violência.

Falando sobre as guerras com um chefe de Estado, eu disse que vivemos um tempo caracterizado por uma crueldade talvez nunca vista, mas sua resposta foi: "Santo Padre, sempre houve essa crueldade, simplesmente não a víamos tanto".

O *bullying* entrou em uma fase muito importante de sua história. Posso afirmar que hoje é ainda mais difuso do que antes, mesmo que sempre tenha existido. E é mais difuso, não porque o vejamos na *web* e existam conferências que falam sobre isso, mas porque faz parte da superficialidade da cultura do descarte pela qual fomos invadidos. Mesmo entre as crianças já existem as que tendem a consumir, descartar e jogar fora o que foi usado, e não têm nenhum escrúpulo em fazer isso.

O senhor já sofreu algum bullying?

Pessoalmente, não, mas vi em alguns colegas de escola muito próximos o que significa sofrer isso. Ainda hoje falo ao telefone com um colega de classe que estava entre aqueles que eram alvo de seus companheiros e era constantemente denegrido. Ele superou esses problemas, mas sofreu muito por isso. Devemos sempre olhar para os outros com empatia e esperança. Empatia e esperança. E basta que exista uma pessoa boa para que exista a esperança.

Os jovens de hoje teriam muito mais oportunidades em relação aos da mesma idade de algumas décadas atrás – basta pensar na web, *que determinou definitivamente o predomínio do tempo sobre o espaço, ou nas viagens rápidas –, mas eles saem dessas experiências muito mais frustrados. Esses são fenômenos que alimentam o preceito "se você puder fazer,*

faça" e a consequente privação relativa. É como observar constantemente um banquete de iguarias, mas amarrado a uma cadeira a pelo menos 3 metros de distância. A gente pensa: "Vejo o que estou perdendo, e isso está acabando na boca dos outros, mas meu destino é me acostumar com esse tormento". Além disso, você pode saber praticamente tudo sobre aqueles que estão festejando em seu lugar – internet e as redes sociais fazem a sua parte –, e isso torna ainda mais insuportável a dissonância cognitiva.
De fato, são gerações de frustrados, e, de acordo com a maioria das pesquisas em psicologia social, os frustrados produzem agressividade. Agressividade que hoje se torna mais do que nunca entretenimento; o mal não precisa mais ser justificado, torna-se quotidiano.
O que o senhor pensa de tudo isso?

Penso que você descreveu bem esse processo. E tudo está ligado mais uma vez ao *bullying* e à necessidade de agressividade de que falei anteriormente. Tomemos a história de Caim e Abel: a inveja levou Caim a cometer extrema injustiça contra o irmão. Isso, por sua vez, causou uma ruptura na relação entre Caim e Deus e entre Caim e a terra, da qual ele foi exilado. Essa passagem está resumida na conversa entre Deus e Caim. Deus pergunta: "Onde está Abel, teu irmão?". Caim diz que não sabe e Deus insiste: "O que fizeste? Do solo está clamando por mim a voz do sangue do teu irmão! Por isso serás amaldiçoado pelo próprio solo que engoliu o sangue de teu irmão que tu derramaste" (Gn 4, 9-11). E aqui quero retomar um conceito muito importante: negligenciar o compromisso de cultivar e manter um relacionamento correto com o próximo, a quem tenho o dever de cuidar e proteger, destrói meu relacionamento interno comigo mesmo, com os outros, com Deus e com a terra. Quando todas essas relações são negligenciadas, quando a justiça não mais habita nossa terra, a Bíblia nos diz que toda a vida está em perigo. É isso que nos ensina o relato de Noé, quando Deus ameaça destruir a humanidade por causa de sua persistente incapacidade de atender às exigências de justiça e paz: "Decidi pôr fim a toda a humanidade, pois por sua causa a terra está cheia de violência" (Gn 6, 13). Nesse relato havia já uma forte convicção, sempre atual: tudo está em relação, tudo está integrado e em movimento, o cuidado da nossa vida, das nossas relações com a natureza, é inseparável da fraternidade, da justiça e da fidelidade para com os outros.

> *O senhor lembrou a história de Caim e Abel. Gostaria de enviar uma mensagem aos jovens presos, talvez condenados à prisão perpétua?*

Nunca se pode punir retirando toda esperança: é por isso que sou contra a pena de morte e a prisão perpétua interpretada como "para sempre". Existem países em que a pena de morte é legal, e a tortura, habitual. Gostaria de dizer aos chefes de Estado de todo o mundo, e a todos nós, que reflitam com insistência: privar um ser humano da possibilidade, mesmo que mínima, da esperança, significa matá-lo duas, três, quatro, cinco vezes. Significa matá-lo todas essas vezes cada dia de sua vida. Isso é realmente muito triste; é uma maneira de ensinar às pessoas, desde a infância, que a esperança não existe. Se você acabar no corredor da morte, não há esperança; se o condenam à prisão perpétua, não há esperança, e isso é profundamente errado: sempre deve haver esperança em nossa vida e, portanto, também em toda punição.

Como se encontra a esperança?

Para os jovens cristãos, eu diria: buscando Jesus, sabendo que Ele nos escuta, sabendo que tudo tem um sentido aos Seus olhos. Peçamos a Ele a esperança, e façamos isso como o terço nas mãos, como humildes servidores do bem. Às vezes escuto jovens católicos dizerem que têm compromissos demais para tirar um tempo para rezar e conversar com Nossa Senhora e Jesus; a eles peço que encontrem quinze minutos para conversar com o coração. Se alguém fala de coração com a Mãe Maria, sempre é ouvido. É um ato de amor que você pode fazer a si mesmo: o olhar fixo, assim como você faz com o celular, também pode mantê-lo alguns minutos na oração do terço. Ou você também pode baixar um aplicativo com um rosário virtual e rezar. Nossa Senhora não presta atenção na forma, mas na substância, não é um problema. Nossa Senhora cuida dos corações sinceros.

Porém, gostaria de voltar à mensagem para o jovem condenado à prisão perpétua: é essencial que o prisioneiro tenha a possibilidade de se reintegrar à sociedade, mesmo que por um curto período de tempo, fazer um trabalho útil, compreender que errou e sentir-se útil para a comunidade. Sentir-se definitivamente inútil é um mal terrível, que pode levar a ações piores. Sentir-se útil dá esperança. Costumo ir às prisões, mesmo as de segurança máxima, onde há prisioneiros com dezenas de assassinatos nos ombros. Fico impressionado com algumas estruturas, pela capacidade dos diretores de transmitir esperança. Conheci mulheres diretoras de presídio muito capazes, que se comportam como se fossem mães dos prisioneiros; abriam portas de esperança e elogiavam os detentos a cada passo que davam na direção de entender seus erros e de ser úteis para com o próximo. Vi mulheres diretoras que talvez saibam administrar conflitos melhor que os homens, e acredito que isso deriva da natural tendência da mulher para a maternidade.

> *O que costuma dizer aos jovens presos quando os visita no cárcere?*

Em primeiro lugar, cada vez que vou sinto uma dor ao constatar que alguns detentos provavelmente jamais sairão da prisão. Meu primeiro sentimento é definitivamente de dor. Se encontro um jovem na prisão, sei que minha missão é dar-lhe esperança. Minha utilidade é a mesma de qualquer outra pessoa que o visita e que deseja que ele compreenda profundamente seus erros para transformar o mal que fez em bem para o próximo. Não existe ser humano que não possa fazer o bem ao próximo. Somos todos potenciais construtores do bem. Cada ser humano *perdido* é um ser humano a menos para fazer *"a revolução do bem"*. Cada ser humano *descartado* é uma derrota para toda a humanidade. Normalmente, quando vou visitar os presos, não falo muito, prefiro deixar que eles falem, que isso aconteça naturalmente, deixando-os livres para se expressar.

> *A esperança deve necessariamente passar pela fé em Deus?*

Não necessariamente. Pode ser, diria, uma "esperança agnóstica", uma "esperança humana". Como disse, basta que exista uma pessoa boa para existir esperança. Deus, porém, vê todo o bem que se faz e que se pensa. Se você cria esperança, o castigo da prisão não cria um muro. As paredes trazem consigo um mal incurável: a ausência de diálogo e a destruição da sociedade. Os muros são colocados por terra com o diálogo e com o amor. Se você está falando com alguém, fale de cima do muro. Então você falará mais alto, e aquele que está do outro lado do muro vai ouvir melhor e poderá lhe responder. Se você faz o bem, não tenha medo de gritar. Fazer o bem deve tornar-se um hábito, uma dependência da qual não se deve sair.

> *Há também dependências que fazem mal: penso nos jovens viciados em drogas e álcool. Qual é sua mensagem para eles? E o que representa a droga hoje?*

Acredito que hoje esses vícios são uma maneira de descartar. Acredito que são uma crueldade social dos poderosos, utilizada às vezes conscientemente, e que o viciado não está nessa condição somente por causa de sua fragilidade. Acredito que se poderia fazer muito mais em nível internacional para limitar a propagação de drogas, mas a corrupção é muito invasiva para que se possa mudar essa situação sem uma mudança na cultura mundial. A melhor maneira, diria mesmo que a única, de agir de imediato é a prevenção junto aos muito jovens, antes que se tornem dependentes.

Sua pergunta também me lembrou de uma frase de [Erich] Fromm: "O capitalismo moderno necessita de homens que cooperem em grande número, que queiram consumir cada vez mais, e cujos gostos sejam padronizados e possam ser facilmente influenciados e previstos. Necessita de homens que se sintam livres e independentes, não submissos a qualquer autoridade, princípio ou consciência e, contudo, desejosos de serem mandados, de fazer o que se espera deles, de adequar-se sem atrito à máquina social; que possam ser guiados sem o uso da força, dirigidos sem líderes, impulsionados sem um objetivo, exceto o de produzir bem, estar em movimento, funcionar, ir adiante".

Hoje, o mundo quer jovens conformados, padronizados, jovens que imitam outros jovens para construir sua identidade. Aqueles que não conseguem acompanhar esse mecanismo às vezes têm a tentação de buscar auxílio em algo artificial. Falávamos antes da cirurgia plástica, que de alguma forma tem a ver com tudo isso. Também a droga, mesmo que não seja proporcionalmente comparável, se encaixa nesse contexto: é a resposta do fraco ao seu não saber e não ser capaz de se conformar. Ele não consegue se conformar; gostaria, mas sabe que não é capaz e que não seria aceito mesmo se adotasse o padrão imposto pela sociedade. Então, vai para a fase da "plástica para o cérebro": constrói um pensamento que não é o seu, mas que é o único que ele imagina que possa permitir sua sobrevivência. Ele se baseia no "eterno temporário", que sabe ser o fim para ele, mas faz isso mesmo assim; está satisfeito com alguns minutos fora de si, sabendo que isso lhe custará muito caro. Quando menciono a palavra *conformismo*, penso quão grave é o risco de homologar o pensamento. Penso que é muito mais perigoso homologar o pensamento do que tentar revolucioná-lo. Aqui, gosto de fazer uma distinção muito clara entre aquilo que chamo de "pensamento único", que é um pensamento "fraco" e, em vez disso, o pensamento "forte".

O pensamento único é filho de uma situação sociocultural concreta: é o que, infelizmente, parece dominar o mundo e que legitima também "sentenças de morte" e verdadeiros "sacrifícios humanos"; o pensamento único surge de uma "globalização esférica" para a qual todos deveriam ser iguais, deveriam se conformar. Quem quer isso, no entanto, esquece que não se pode falar de globalização sem respeitar cada um na sua identidade pessoal; a verdadeira globalização é poliédrica, não esférica.

Fazem parte do pensamento único as teorias que a sociedade desenraizada, forte em sua cultura de descarte, quer impor todos os dias. Existe um romance profético, escrito em 1907 por Robert Hugh Benson, que se chama *O senhor do mundo* e descreve bem o mecanismo da cultura invasiva, que nos tira a possibilidade de pensar de forma autônoma. Acredito que nossa época seja efetivamente um tempo de pensamento único, e é extremamente importante e urgente romper com esse pensamento por meio da imaginação criativa. Os sonhos dos idosos são um exemplo muito forte de aspirações que rompem o pensamento único. Se unidos à coragem dos jovens, à sua profecia, eles podem realmente quebrar a homologação do pensamento.

O pensamento único é fraco porque não é genuíno, não é pessoal, é imposto e, portanto, provavelmente ninguém o sente como próprio: todos tendem a vivê-lo, mas sem pensar no seu sentido. O pensamento forte, em vez disso, é criativo, e a esse sempre devemos aspirar. Homologar o pensamento significa viver dentro de uma "bolha", viver numa espécie de autismo do intelecto, do sentimento. Quantos males podem surgir dessas graves doenças do ser humano...

> *Na sua opinião, é mais comum que o toxicodependente seja descartado pela sociedade, ou é o fato de ser descartado que o leva a desenvolver vícios como o das drogas?*

Creio que sentir-se descartado pela sociedade leva a desenvolver dependências, ainda que não seja sempre assim: às vezes, excesso de dinheiro leva à busca de novas experiências e vícios, incluindo a droga. Quem se droga sempre foge, constrói um mundo para escapar. Busca e aceita um mundo falso, de ilusões, um mundo estranho à realidade.

> *Por que os seres humanos temem tanto a morte?*

A morte é interpretada pelos seres humanos como uma ameaça, um desafio.

Quando, na infância, os médicos diagnosticaram em mim cistos pulmonares, senti pela primeira vez medo de morrer. Era uma angústia, algo misterioso, o choque com o fim, apesar de ser tão jovem. Essas duas imagens são tão racionalmente distantes, a juventude e a morte, mas experimentei isso, e essa experiência me desorientou fortemente. Olhei para minha mãe, lhe dei um abraço e disse: "Mãe, o que está acontecendo comigo? Vou morrer?". Foi um período difícil, muito difícil.

Ter medo da morte significa ter medo do aniquilamento total: somente aquele que tem fé na vida após a morte pode confiar. Quando falo da morte com os ateus, ou aqueles que assim se denominam, escavando um pouco mais fundo no seu ateísmo, descubro que é recorrente em muitos deles uma referência à vida após a morte, a uma energia, alguns a chamam assim, e isso nos coloca todos juntos.

Lembro-me de um senhor que, por algumas de suas afirmações, foi muito importante para mim. Entregava as contas de luz e de gás de porta em porta, um daqueles trabalhos que já não existem. Um dia, falando sobre a morte, ele me disse: "Não tenho medo da hora da morte, meu medo é vê-la chegando...".

Por isso, quero reiterar que, sem senso de humor, é muito difícil ser feliz; é preciso ser capaz de não se levar a sério demais.

> *Os casos de suicídio, especialmente nestes tempos de crise, estão na ordem do dia. Se o senhor tivesse a oportunidade de conversar com alguém que está prestes a praticar esse gesto extremo, o que lhe diria?*

Olharia nos seus olhos e deixaria falar o coração, o meu e o dele... Sobre esse tema, gostaria de dizer que o suicida é uma vítima. De si mesmo, talvez de seus pecados, ou de uma doença mental, do condicionamento social ou de outros aspectos contingentes e condicionantes. O hipócrita, por outro lado, é mais um carrasco: este sim se suicida cada dia; suicida a moral e a própria dignidade, vive de aparências. Estes são os grandes suicídios que devem ser condenados...

> *Penso nos jovens explorados provenientes de diferentes países, mas também nas jovens prostitutas vindas da África, do leste da Europa, da América do Sul e também de outros países europeus. São literalmente usadas como escravas sexuais, e da maneira mais implacável. Muitas vezes, lemos que são enganadas para sair do seu país de origem, iludidas com promessas de um futuro melhor, presas, sequestradas, drogadas, jogadas à beira da estrada para tentar sobreviver. Existe algo que pode ser feito pelos jovens honestos e íntegros em favor dessas jovens mulheres?*

Sim, aproximar-se delas não para explorar, mas para conversar. Chegue perto e, em vez de perguntar "quanto você cobra?", pergunte "quanto você sofre?". Faz parte da missão dos jovens andar pelas ruas e, como disse antes, "sujar os pés". Muitas vezes não percebemos a importância dos pequenos gestos, aqueles que podem parecer insignificantes, pequenos, mas na realidade, aos olhos de Deus e dos necessitados, serão gigantescos. Os jovens não devem se cansar de abrir formas de diálogo com aqueles que vivem nas ruas e com aqueles que precisam deles; todo jovem deve fazer do seu jeito, sem seguir um procedimento escrito, burocrático. Não há procedimentos universais para agir bem, mas existem muitas interpretações pessoais e efetivas do testemunho do bem.

> *O senhor costuma falar muito de misericórdia...*

É um dos aspectos sobre os quais mais gosto de falar, porque provavelmente é a mensagem mais forte do Senhor. O Senhor é um Pai "rico em misericórdia" (Ef 2, 4). Gostaria de dizer que os jovens têm um Pai que sempre olha para eles com um olhar benevolente e misericordioso, um Pai que não compete com eles, um Pai que sempre os espera de braços abertos. E essa é uma certeza que, se for assim, infunde em todos os seres humanos esperança e consolo, e combate a depressão com muita eficácia. A parábola do filho reencontrado (Lc 15, 11-24) é bem conhecida, mas é sempre útil lê-la novamente:

> [O Senhor Jesus] disse então: "Um homem tinha dois filhos. O mais moço disse a seu pai: 'Meu pai, dá-me a parte da herança que me toca'. O pai então repartiu entre eles os haveres. Poucos dias depois, o filho mais novo juntou o que era seu e partiu para um lugar distante. E ali esbanjou tudo numa vida desenfreada. Quando tinha esbanjado tudo o que possuía, chegou uma grande fome àquela região, e ele começou a passar necessidade. Então, foi pedir trabalho a um homem do lugar, que o mandou para seu sítio cuidar dos porcos. Ele que-

ria matar a fome com a comida que os porcos comiam, mas nem isso lhe davam. Então caiu em si e disse: 'Quantos empregados do meu pai têm pão com fartura, e eu aqui, morrendo de fome. Vou voltar para meu pai e dizer-lhe: Pai, pequei contra Deus e contra ti; já não mereço ser chamado teu filho. Trata-me como a um dos teus empregados'. Então ele partiu e voltou para seu pai. Quando ainda estava longe, seu pai o avistou e foi tomado de compaixão. Correu-lhe ao encontro, abraçou-o e o cobriu de beijos. O filho então lhe disse: 'Pai, pequei contra Deus e contra ti. Já não mereço ser chamado teu filho'. Mas o pai disse aos empregados: 'Trazei depressa a melhor túnica para vestir meu filho. Colocai-lhe um anel no dedo e sandálias nos pés. Trazei um novilho gordo e matai-o, para comermos e festejarmos. Pois este meu filho estava morto e tornou a viver; estava perdido e foi encontrado'. E começaram a festa."

A única coisa que pode nos separar temporariamente de Deus é o nosso pecado. Então, mais uma vez, somente nós podemos decidir nos separar de Deus. Ele nunca decide Se separar de nós. Mas, se reconhecemos nosso pecado e o confessamos com arrependimento sincero, esse pecado se torna um lugar de encontro com Ele: porque Ele é misericórdia e nos espera exatamente ali.

III
Ensinar é aprender

> *Quando o senhor olha para as crianças costuma temer pelo seu futuro?*

Nas crianças, vejo o futuro, a prosperidade. Às vezes basta olhar para elas para que me sinta comovido. Procuro não me deixar influenciar por pensamentos que vão além da imagem que tenho diante de mim: a alegria que uma criança nos transmite com seu sorriso pode ser também uma cura para os adultos. Quando vejo uma criança, vejo ternura, e onde há ternura não pode entrar a destruição.

Gosto de contar uma experiência que tive recentemente durante as audiências de quarta-feira: diante de mim havia uma criança maravilhosa, feliz e sorridente. Um jovem estava segurando-a nos braços e procurava manter os olhos nela enquanto a fazia beber o leite da mamadeira. Ao lado deles estava a mãe da criança, paralítica, em uma cadeira de rodas. Eu me aproximei e imediatamente senti a alegria de todos: o pai olhou para mim sorrindo, e eu lhe agradeci pela emoção de ver uma cena tão feliz. Então o cumprimentei, mas na mesma hora aquele jovem me disse que todo o mérito era de sua esposa, e não dele: "Ela é quem faz tudo". Cumprimentei imediatamente a mulher, que me olhou com um sorriso maravilhoso, exclamando: "Abençoe-me porque está prestes a chegar outro...", e mostrou a barriga, que estava começando a aparecer. Que beleza! Esta é a cena da fecundidade, do amor que ultrapassa todo obstáculo, que nos faz compreender como Deus é grande e como é forte e maravilhosa a esperança que Ele nos concede. Devemos ser capazes de percebê-la, acolhê-la e transformá-la na alegria de viver. É um exercício que podemos fazer todos os dias.

Se falamos sobre as características que nunca devem faltar aos pais, digo: ternura, predisposição à escuta, sempre levar os filhos a sério e acima de tudo o desejo e a capacidade de "acompanhá-los". Este é um verbo muito importante: os filhos têm sua própria vida, os pais podem acompanhá-los em suas escolhas, mas não os podem substituir. Acompanhar os filhos em suas escolhas é uma grande oportunidade para os pais, não uma limitação.

O sorriso da criança, aquele sorriso aberto, de quem confia nos pais... é algo que me faz muito bem, que pode fazer bem a todos. E encontro muitas semelhanças entre esse sorriso e o dos idosos. Ambos estão abertos à vida, de lados opostos, do início ao fim: é uma atitude que os une.

Vamos falar sobre formas de transmitir conhecimento: quais são as mais eficazes e, ao contrário, quais podem ser perigosas?

Essa pergunta me faz pensar na grande diferença que existe entre o verdadeiro mito – que é um modo contemplativo que nos ajuda a nos abrirmos ao mistério da realidade – e a construção de relatos, que são justificativas de uma realidade que quer se impor. O mito é um modo de conhecer a verdade – na Bíblia, por exemplo, são utilizados alguns "mitos" que conduzem à verdade – e que é sólido em si mesmo; o relato, ao contrário, a história, e aqui me refiro à forma de conhecimento, é construído para fazê-lo passar por uma verdade, o que provavelmente não é. O relato é sempre uma justificativa. Imagine um líder da sociedade que conseguiu assumir o poder, talvez de forma ilícita. O que ele faz? Constrói um "relato épico", recorre a uma narrativa *ad personam* para melhorar sua imagem. Com o relato se maquia a vida. Poderíamos dizer que falar por relatos é uma característica desta nossa sociedade líquida.

> *Esta consideração me faz pensar no quanto mudaram até mesmo os contos de fadas para crianças: hoje se impõem mais histórias da vida real, em vez das célebres fábulas de Esopo – simbólicas por excelência*

> –, com as quais minha geração também cresceu. Existe algum mito que todo jovem deveria ler imediatamente?

Certamente, o mito de Narciso, mas também o de Ícaro. São os primeiros que me vêm à mente: é correto ser ousado, especialmente se você é jovem, mas é preciso ser prudente ao menos na mesma proporção. Ícaro pensava no momento presente, não levava em conta o tempo; esta é também a mensagem desse mito. Como você pode ver, cada mito requer interpretação, investiga a experiência humana e procura construir analogias. Estimula a imaginação e também permite o diálogo: pode ser interpretado por anos e anos, porque em torno dos mitos não se discute, se dialoga. Os mitos não dependem apenas da história e nem mesmo da imaginação, eles têm algo fortemente ligado à vida do homem, à experiência, ao que nossos antepassados nos transmitiram, algo que nunca envelhece, como o tempo. O mito não envelhece porque está essencialmente ligado à natureza humana: pode ser interpretado mesmo depois de décadas, séculos e milênios; também por isso penso que ele deve voltar ao centro da transmissão do conhecimento.

> *Quais são as características de um bom educador? Quero dizer, bons professores, bons pais...*

Um bom educador se faz essa pergunta todos os dias: "Hoje estou com o coração aberto o suficiente para deixar entrar a surpresa?". Educar não significa apenas explicar teorias; significa, acima de tudo, dialogar, fazer triunfar o pensamento dialógico. Um bom educador quer aprender algo todos os dias com as crianças, com seus filhos. Não existe educação unidirecional, mas apenas educação bidirecional. Eu ensino você, mas enquanto faço isso você está me ensinando algo, talvez algo ainda mais útil do que o que eu ensino. Se eu, educador, estiver lhe ensinando teorias, você que me ouve está me ensinando como você as recebe na prática e como as interpreta individualmente, como as leva para o mundo, misturando-as com sua personalidade e suas experiências anteriores. Todos nós temos algo a ensinar, mas também muito a aprender: não esqueçamos isso nunca, em qualquer idade, em qualquer das estações da vida.

> *No entanto, a cultura de hoje favorece as fugacidades...*

Devemos nos perguntar o que realmente é a fugacidade: é o predomínio do momento sobre o tempo. O tempo vai adiante, mas o momento está fechado em si, é parado. Gostaria de fazer uma distinção entre a fugacidade, que gira em torno do conceito de momento, e o definitivo, que, em vez disso, é o que quero dizer com tempo, aquilo que nunca para. O momento se assemelha mais ao espaço do que ao tempo. Pensemos no espaço: é sólido, tem um princípio bem definido e visível, e sabemos que ele termina. Quantas vezes, olhando para um espaço definido, procuramos seus limites?

O momento faz o mesmo, "queima-se" em sua voracidade, finita e definida. Em vez disso, é diferente pensar no tempo como vida, como desenvolvimento, como uma abertura para as experiências da existência. O momento nunca pressupõe o desenvolvimento; o tempo, sim. A fugacidade tem um caráter provisório, porque está fechada em si mesma, é escrava dos momentos, e é uma tendência atual de se apegar ao provisório, aos momentos, aceitá-los como "eternidade com prazo de validade". O tempo vai sempre em frente, em direção ao definitivo.

Devemos também olhar para outro erro de interpretação: o perigo de viver no momento como se fosse no tempo. Lembro-me de um jovem brilhante que há muitos anos, de repente, decidiu que queria se tornar padre... mas apenas por dez anos! Ele não queria arriscar mais do que isso: esta é a cultura do momento. Mesmo quando uma pessoa raciocina com frases como "Quero isso para toda a minha vida", em muitos casos raciocina no momento, acreditando que está no tempo; a imaturidade pode levar uma pessoa a confundir esses dois aspectos.

> *Qual seria uma frase que um bom educador, um pai ou uma mãe jamais deveriam pronunciar?*

Em referência à educação, provavelmente a pior que um professor do ensino fundamental, médio, secundário, universitário ou qualquer pai ou mãe pode pronunciar é a seguinte: "Menino, o que você entende disso? Estude primeiro e depois vamos falar sobre isso novamente".

> *O que é perdão para o senhor?*

Lembro de certa ocasião, ainda criança, quando tive uma grande briga com uma tia de quem eu gostava muito. Disse-lhe coisas horríveis durante aquela discussão, coisas que eu realmente não pensava, queria simplesmente atingi-la. Nos dias seguintes senti que, se eu não tivesse lhe pedido perdão com toda a humildade, eu a teria perdido no nível do relacionamento pessoal: teria destruído minha dignidade, não teria sido autêntico. Escolhi ser autêntico e, tendo pedido perdão à minha tia, daquele dia em diante fui amado ainda mais do que antes por ela. Devemos aprender a ver o perdão como um ato de egoísmo saudável, e não apenas de altruísmo. É também um ato de egoísmo saudável porque se deseja ser autêntico para si mesmo, muitas vezes mais do que para os outros. Devemos ensinar as crianças a jogar de forma limpa.

O senhor cita muito a parábola do bom samaritano: cada uma de nossas boas ações, como aquela do bom samaritano, nasce mais por amor ao próximo ou mais por desejo de ser reconhecido?

Provavelmente, pelo menos no início, ninguém faz as coisas apenas por boas intenções – tecnicamente se diz "com reta intenção" –, mas eu digo que não é tão importante saber até que ponto, no início de um processo, o bem nasce do egoísmo saudável ou do altruísmo puro. O que conta é fazer o bem e produzir o bem. Fazer o bem nos leva ao bem. E a reta intenção cresce, vai se purificando continuamente.

> *Gostaria de falar sobre a tendência das crianças de "descartar" os pais ao se perceberem muito cedo independentes, e do aumento da necessidade precoce de uma esfera privada em relação à própria família, mas ao mesmo tempo do paradoxo de o jovem abrir-se ao mundo com o aniquilamento da privacidade que isso exige. Os pais conhecerão seus filhos mais por meio de sua presença online do que offline, do mesmo modo que seus amigos e seus colegas de classe. Pela primeira vez na história da humanidade, as crianças serão os professores de muitos pais. Este é um fenômeno ao qual já estamos em parte assistindo. Quem sabe mais: o Google ou os pais? Bastará a uma criança fazer a mesma pergunta para o Google e para seus pais*

para perceber, com alguns cliques, quanto é mais claro e satisfatório ouvir o Google, que assim se tornará, cada vez mais, um amigo inseparável e acima de tudo confiável e silencioso, enquanto nenhum dos amigos da criança saberá jamais o quanto o conselho do Google influenciou seu conhecimento. Perguntar a um pai, ao contrário, implica um julgamento implícito sobre a preparação da criança nesse assunto específico. E pode ter consequências, pelo menos, psicológicas, para a criança e o relacionamento pai-filho. O problema real de todas essas questões é que, se as somarmos, podemos criar um vertiginoso fosso entre aqueles que têm o poder hoje e aqueles que o terão amanhã. Então, a crise que vivemos hoje continuará – e nada parece indicar uma mudança de rota. As próximas gerações terão muito mais qualificação – um exemplo disso é a inteligência hipertextual – e muito menos oportunidades. Mais qualificação e menos empregos. O risco é que, quando as gerações descartadas forem cinco ou seis e, por força das coisas, tiverem o poder nas mãos, estarão cada vez mais inclinadas a dar menos peso à democracia, enquanto traidora dos seus ideais, abraçando novas formas de governo, como o autoritarismo. Ainda estamos a tempo de parar um processo deste tipo?

Este período histórico é crucial para evitar o que você está falando, que certamente seria o mal maior. E é hoje que precisamos urgentemente levantar a bandeira do diálogo, e do diálogo construtivo entre jovens e idosos. Nossos jovens querem se sentir protagonistas e procuram sê-lo. Os adultos não lhes permitem ocupar o lugar que, por natureza, seria deles, e então é a cumplicidade com os idosos que pode permitir que os jovens se libertem. Os jovens não gostam de modo algum de se sentir comandados ou de responder a "ordens" que vêm do mundo adulto; então os idosos também são responsáveis por falar do jeito certo. Os jovens procuram a autonomia cúmplice que os faça sentir-se "capazes de mandar em si mesmos". Nisto podemos encontrar boas oportunidades, especialmente para as escolas, paróquias e movimentos eclesiais. É dever de todos estimular atividades que coloquem os jovens à prova, que os façam sentir-se protagonistas. Os riscos que você indicou são assustadores, mas exatamente por isso é preciso agir muito rápido, com uma verdadeira revolução cultural do diálogo.

O contexto de consumismo em que vivemos é muito forte; é um impulso a "comprar por comprar". Por isso é urgente recuperar um princípio espiritual importante e desvalorizado: a austeridade. Entramos em um redemoinho de consumo e somos levados a acreditar que valemos pelo que somos capazes de produzir e consumir, valemos pelo que somos capazes de ter. Educar para a austeridade é na realidade uma riqueza incomparável. Desperta o talento e a criatividade, gera possibilidades para a imaginação e, especialmente, abre para o trabalho em equipe, em solidariedade. Abre para os outros. Pelo contrário, o que assistimos é uma espécie de "gula espiritual". Em vez de comer, os gulosos devoram tudo o que os rodeia, se empanturram. Acredito que nos faça bem educar melhor, como família, como comunidade, e dar espaço à austeridade como caminho para o encontro, para construir pontes, abrir espaços, crescer com os outros e para os outros.

Na exortação apostólica *Amoris laetitia*, eu dizia: "A história de uma família está marcada por crises de todo gênero, que são parte também de sua dramática beleza. É preciso ajudar a descobrir que uma crise superada não leva a uma relação menos intensa, mas a melhorar, sedimentar e maturar o vinho da união. Não vivemos juntos para sermos cada vez menos felizes, mas para aprendermos a sermos felizes de maneira nova, a partir das possibilidades abertas por uma nova etapa" (nº 232). Penso que é importante promover a educação das crianças a partir dessa perspectiva, como um chamado que o Senhor nos faz, como família, e fazer de cada ocasião um tempo de crescimento, para aprender melhor a saborear a vida que Ele nos dá.

Quando podemos nos sentir verdadeiramente livres?

Você só é livre se estiver em harmonia consigo mesmo.

A liberdade e, portanto, a harmonia não podem ser construídas em laboratório: fazem parte de um percurso humano de interioridade, de um caminho que pode ser íngreme e cansativo, mas, se for feito com sinceridade e pureza, o ponto final é a harmonia.

> *Os jovens muitas vezes se sentem traídos até mesmo pela universidade. Um diploma parece hoje, em muitos casos, um certificado para profissionais desempregados. O conhecimento parece desvincular-se cada vez mais do rendimento, da realização econômica. Mas o conhecimento e a curiosidade intelectual continuam sendo fundamentais, e ainda mais na sociedade líquida. Como alimentar nos jovens traídos o desejo de saber?*

A verdadeira cultura tem três idiomas. Aquele da cabeça, que é o que algumas universidades hoje usam – talvez para formar profissionais desempregados, como você diz –; depois existe a língua do coração e, finalmente, o idioma das mãos, o do fazer. É muito urgente que aqueles que se ocupam da educação procurem harmonizar as três linguagens. "Pense naquilo que você sente e faz"; "Sinta aquilo em que você pensa e faz"; "Faça aquilo que você pensa e sente".

Tudo deve estar conectado, deve estar integrado, articulado e móvel, flexível. Não se pode mais ser estático como antes. Devemos ser mais honestos com os estudantes. Hoje não se pode trabalhar com um jovem sem ajudá-lo a sentir e a fazer. Nós devemos, como disse, estar em movimento, sempre. "Estudar" exige articular o "pensar", o "fazer" e o "sentir".

Muitas vezes, exigimos dos alunos uma formação excessiva em alguns campos que consideramos importantes. Pedimos a eles que aprendam uma quantidade enorme de coisas para que sejam "os melhores". Mas não damos igual importância ao fato de que eles conheçam sua terra, amem suas raízes e, acima de tudo, "façam".

Os jovens estudantes procuram de diversas maneiras a "vertigem" que os faça sentir que estão vivos. Então, vamos dar isso a eles! Estimulemos tudo o que realmente os ajude a transformar seus sonhos em projetos. Vamos trabalhar para que descubram que todo o potencial que eles possuem é uma ponte, uma passagem para uma vocação, no sentido mais amplo da palavra. Ofereçamos a eles grandes metas, grandes desafios e os ajudemos a realizar, a alcançar. Não vamos deixá-los sozinhos, vamos desafiá-los mais do que eles nos desafiam.

Ajudemos os jovens a crescer com saudável anticonformismo! Não deixemos que recebam a "vertigem" daqueles que não arriscam suas vidas: vamos nós mesmos entregá-la a eles! Isso, obviamente, exige encontrar educadores capazes de se comprometer com o crescimento dos jovens. Para educar os adolescentes de hoje, não podemos continuar a usar um modelo de instrução meramente escolar, apenas de ideias. Devemos seguir o ritmo de seu crescimento. É importante ajudá-los a adquirir autoestima e acreditar que realmente podem alcançar aquilo a que se propõem.

Se queremos que nossos filhos sejam formados e preparados para o amanhã, não é apenas aprendendo uma matéria escolar que eles chegarão lá. É necessário que se *conectem*, que conheçam suas raízes. Somente assim serão capazes de voar alto; caso contrário serão cooptados pelas "visões" de outros.

> *Se falamos sobre a transmissão do conhecimento, em nossa pós-modernidade, é quase inevitável falar também de pós-verdade e de* fake news. *O que pensa sobre isso?*

Já tive a oportunidade de refletir sobre como as redes sociais são hoje verdadeiros dicionários de sociologia. É incrível como na era da pós-verdade seja tão fácil confundir uma notícia falsa com uma notícia verdadeira, mas acima de tudo – e este é provavelmente o aspecto mais interessante – como, mesmo quando a notícia é declarada "falsa" para todos os efeitos e para todos os usuários, a conversa sobre aquele "fato" continua, como se apenas pelo fato de ter sido criada, embora de forma falsa, aquela comunicação tenha todo o direito de ainda provocar uma reação nas pessoas. Para muitas pessoas não importa mais se a notícia é verdadeira ou falsa; é importante que tenha sido criada por alguém. Conta a emoção que despertou nos usuários. Isso é mais do que suficiente para mantê-la "viva" na onda de um fluxo constante de opiniões diferentes.

Analisando muitos casos de pós-verdade e *fake news* relacionados aos migrantes, por exemplo, notei uma coisa: o fosso entre a classe média, que se torna cada vez mais média-baixa, e a classe alta – penso em categorias de políticos, gerentes, ricos empreendedores e os chamados VIPS – ampliou-se muito; como consequência, se você faz parte da primeira categoria, uma maneira de manter seu próprio sistema de si mesmo o mais intacto possível parece ser assegurar-se não tanto de aproximar-se daqueles que estão "acima", mas de ter ainda alguém "abaixo".

E essa é uma mudança de perspectiva muito significativa desta época.

O medo de ver que direitos podem ser garantidos aos que são mais pobres desencadeia a mesma frustração que, em vez disso, por praxe, deveria ter se voltado para aqueles que causaram esse aumento da discrepância.

Essa frustração não tem força para lutar por uma causa que parece perdida desde o começo, por uma discrepância que se torna intransponível e, portanto, como mecanismo de defesa – Freud poderia vir ao socorro com várias das suas teorias –, desencadeia seu impulso contra o migrante.

> *Se lhe disser a palavra "grupo", o que vem à sua mente?*

Hoje, a palavra "enxame" poderia, em alguns casos, substituir a palavra "grupo".

As pessoas dificilmente formam grupos coesos e espontâneos, hierárquicos e com líderes autênticos; isso acontece cada vez menos. Em vez disso, o que se manifesta sempre mais é a reunião intermitente de pessoas que se unem e se dispersam em pouco tempo, sem compartilhar nada, mas acompanhando umas às outras, motivadas por causas efêmeras e por objetivos que mudam continuamente. E aqui me uno ao sociólogo Zygmunt Bauman, quando escreve: "O poder de sedução dos objetivos mutáveis geralmente é suficiente para coordenar seus movimentos, de modo que cada ordem ou imposição 'lá de cima' se torna redundante".*

Isto é fortemente compatível com o estilo da *web*, que tende a para o "gasosidade".

A moda não produz "enxames" constantes, como os de insetos?

Mesmo a cirurgia plástica antes mencionada produz "enxames".

São "não lugares" em que cada um pode se perder, partir, voltar, onde cada um persegue seu próprio interesse, que apenas em uma pequena parte coincide com o dos outros, onde não há hierarquia e onde não há compartilhamento, mas apenas acompanhamento fugaz.

---

*. BAUMAN, Zygmunt. *Vida para consumo*. Rio de Janeiro: Zahar, 2008, pp. 99-100. (N.T.)

Ser ambicioso é um defeito ou uma virtude?

Seguramente a falta total de ambição é um defeito.

O importante é que a ambição não se torne uma maneira de atropelar os outros apenas para avançar e continuar a escalada. Essa espécie de "alpinistas" são péssimos indivíduos, porque tendem a produzir – com muita facilidade – a incultura, uma cultura má.

Mas sinto que devo apoiar uma ambição bem dosada com o respeito pelo próximo, e especialmente pelos mais frágeis. Gostaria de ver jovens ambiciosos, corajosos, anticonformistas e revolucionários com ternura.

O que o senhor espera, neste sentido, do sínodo sobre os jovens?

Espero que sejam eles os protagonistas. O sínodo é dos bispos, mas deve estar a serviço de todos os jovens, crentes e não crentes. Não devemos fazer diferenças que levem ao encerramento do diálogo: quando digo todos, quero dizer todos. Você é jovem? Pode falar, estamos aqui para escutar você. Antes do sínodo, existe a possibilidade de que haja também uma assembleia de jovens, onde os jovens deverão debater entre si diversos temas para depois levar seus resultados aos bispos: creio que esse seja o espírito certo para estimular o diálogo e o debate positivo.

> *Ouvi o senhor falar muitas vezes do conceito de artesanalidade. O que significa para um jovem redescobrir a artesanalidade?*

Significa redescobrir o "fazer", que tem a ver com operosidade. O "fazer" é criação e é *poiesis*, isto é, poesia. O artesanal é trabalho e poesia... Sou criativo com minhas mãos, com meu coração, com minha mente. Isso lhe dá a espontaneidade, a beleza de ser você mesmo sem precisar programar demais cada detalhe.

Pense no futebol, um esporte muito popular entre os jovens de todo o mundo: agora está agradando até nos Estados Unidos, que antes tinham como referência principal o futebol americano. Para mim, as mais belas partidas de futebol são as que acontecem na praça: vamos "tirar par ou ímpar" e vejamos quem vem para o meu time. Vamos colocar dois pedaços de madeira no chão e teremos uma trave, como se existisse uma rede por detrás. Depois se decide quem será o goleiro, o famoso "goleiro volante", lembra?

Sim, aquele que também pode sair de debaixo da trave e fazer o gol. Utiliza-se o "goleiro volante" quando os jogadores são poucos. Aconteceu com o senhor?

Certo, viu? Precisamos muito pouco para sorrir. Podemos sorrir porque estamos falando de futebol de forma amadora, não como negócio, estamos pensando em futebol como festa, como motivo para estarmos juntos, unidos e apenas temporariamente adversários. Redescobrir a artesanalidade significa redescobrir a dimensão amadora da vida. E ter orgulho de fazê-lo.

> *Gostaria de concluir perguntando quais são as características que nunca devem faltar em um jovem...*

Entusiasmo e alegria. E a partir disso se pode começar a falar sobre outra característica que não deve faltar: o senso de humor. Para poder respirar, é fundamental o senso de humor, que está ligado à capacidade de se alegrar, de se entusiasmar. O humor também ajuda a estar de bem com a vida e, se estivermos de bom humor, é mais fácil conviver com os outros e conosco.

O humor é como a água que brota naturalmente gasosa da fonte; tem algo a mais: você percebe vida, movimento.

O escritor inglês G. K. Chesterton [1874--1936] escreveu uma frase muito representativa a esse respeito: "A vida é uma coisa muito séria para ser vivida seriamente".

Todos os dias, há quase quarenta anos, peço ao Senhor essa graça, e o faço com uma prece escrita por São Tomás Morus. Chama-se *Oração do bom humor* e diz assim:

*Senhor, dá-me uma boa digestão
e também alguma coisa para digerir.*

*Dá-me a saúde do corpo
e o bom humor necessário para mantê-la.*

*Dá-me, Senhor, uma alma santa,
que faça tesouro daquilo que é bom e puro,
a fim de que não se assuste pelo pecado,
mas encontre na Tua presença
um jeito de colocar as coisas no lugar.*

*Dá-me uma alma que não conheça o tédio,
os resmungos, os suspiros e os lamentos,
e não permitas que me crucifique demais
por essa coisa tão intrometida
que se chama "eu".*

Dá-me, Senhor, o senso do bom humor,
Concede-me a graça de compreender uma brincadeira,
para descobrir na vida um pouco de alegria e levá-la também aos outros.
+ Assim seja.

São Tomás Morus é uma figura a quem me sinto realmente ligado. Para entender o homem corajoso que ele era, cheio de humor, basta pensar em suas últimas palavras: "Esta não ofendeu o rei", disse ele, movendo a barba para que não fosse atingida na decapitação.

Voltando à sua pergunta: primeiro vem o entusiasmo, a alegria, e daí o senso de humor, depois vem a coerência. Tudo passa pela coerência. Graças à coerência podemos ter credibilidade, e se temos credibilidade podemos ser amados pelo que realmente somos, sem máscaras. Então, vem a fecundidade: dar vida aos outros. E entendo este termo em um sentido amplo, não apenas próprio de pais e mães, embora isso seja muito importante. Quero falar também de uma fecundidade espiritual, cultural. É muito importante que a vida não permaneça sem fertilidade: devemos estar abertos à mudança e ao ponto de vista dos outros, precisamos dos pensamentos e das perspectivas dos outros, especialmente se eles nos dizem algo diferente, algo novo para nós. Para todos os jovens, mas não só para eles, digo: não tenham medo da diversidade e da fragilidade que vocês sentem; a vida é única e irrepetível, e vale por aquilo que ela é em si mesma. Deus nos espera todas as manhãs quando acordamos para nos dar de novo esse presente. Cuidemos dele com amor, gentileza e naturalidade.

Este livro foi composto em Minion Pro
e impresso pela Intergraf
para a Editora Planeta do Brasil
em março de 2018.